TRAITÉ

DES

LOIX CIVILES.

TRAITÉ
DES
LOIX CIVILES
PAR
MR. DE P. DE T.
SECONDE PARTIE.

A LA HAYE,
Chez PIERRE FRÉDÉRIC GOSSE
&
A LONDRES,
Chez la SOCIÉTÉ TYPOGRAPHIQUE.

M. DCC. LXXIV.

TABLE

DES

CHAPITRES,

Contenus dans cette Seconde Partie.

CHA-

TABLE des CHAPITRES

TRAI-

TRAITÉ,
DES
LOIX CIVILES.

CHAPITRE VI.

De la Puiſſance paternelle.

LEs Romains avoient des Loix admirables, pour contenir les femmes & les jeunes gens dans leurs devoirs, & pour empêcher que leurs déreglements ne puſſent troubler la tranquillité publique, ou violer la ſureté des Citoyens. Elles étoient d'une ſévérité extraordinaire; mais elles menoient au but que l'on s'étoit propoſé. Quand on eſt parvenu à fermer la ſource des crimes, qui fe commettent par les femmes, & pour les femmes; quand les chefs de famille ont toute l'autorité néceffaire pour diriger, vers le bien public, le feu & les paffions de leurs enfants; quand le père & le mari font les juges des actions, pour lesquelles ils ont été jugés eux mêmes dans leur jeuneffe; quand enfin les crimes font déracinés dans les maifons, il ne peut s'en commettre que très peu dans l'Etat. Nous avons déja parlé des Inftitutions Romaines à l'égard des femmes: voyons maintenant celles qui concernent les enfants dans les familles.

Depuis l'établiffement de la République jufques au temps qui précéda de près fa chute, les pères eurent à Rome une autorité abfoluë, & illimitée fur leurs enfants. Ils avoient fur eux le droit de vie & de mort; ils pouvoient les vendre pour efclaves à qui ils vouloient; & s'il arrivoit après cela, que ceux-ci recouvraffent la liberté, ils retomboient fous la puiffance de leurs pères, qui pouvoient encore les vendre deux fois. Tout ce que les enfants acquéroient, foit par leur induftrie, foit par hazard, ou par la libéralité d'autrui, appartenoit entièrement aux pères. Leurs mariages étoient nuls, fans le confentement de ces derniers. Ils n'an'avoient aucun droit fur les biens paternels: feulement pouvoient ils exiger ce que leurs pères leur avoient laiffé en mourant ; & s'ils avoient été dèshérités, ou entièrement oubliés dans le teftament, ils n'avoient pas la moindre prétention à l'hérédité (*a*).

L'autorité des pères ne fe bornoit pas aux affaires domeftiques.   Du temps de Cicéron, les mœurs l'avoient déja beaucoup affoiblie: cependant Fulvius, de l'Ordre des Sénateurs, fit mourir fon fils, parce qu'il avoit voulu paffer dans le Camp de Catilina (*b*).   Au commencement du même fiécle, les Macédoniens accuférent, dans le Sénat, Silanus leur Gouverneur, de leur avoir extorqué de l'argent: c'étoit le crime le plus ordinaire des Gouverneurs des Provinces.   Manlius Torquatus, fon père, demanda au Sénat qu'on n'y traitât point cette affaire, avant qu'il eut jugé lui même la caufe de fon fils, & des Macédoniens.   Il entendit dans fa maifon les plaintes & les preuves des accufateurs ; il examina les témoins ; & paffa enfuite à la

con-

(*a*) Voy. Denis d'Halicarnaffe L. 2.   Inftit. L. 1 Tit. 9. Heinec Antiquit Roman. Ad Inftit. L. 1. Tit. 9.
(*b*) Sallufte de la guerre de Catilina. Valere Maxime Liv. 5. Ch. 8. n. 5.

condamnation de fon fils, qui, par défes-
poir, s'étrangla la même nuit (*a*).

Ces Inftitutions confervèrent long-temps
les mœurs dans la République; & ces mœurs
furent l'appui des Loix. Le luxe, qui s'in-
troduifit après les expéditions Afiatiques, en-
hardit les femmes à fe fouftraire à l'autorité
de leurs maris. Elles les mirent dans les
chaînes; après cela, les pères n'eurent plus
le courage de contenir leurs enfants. Ils s'é-
toient accoutumés à s'accommoder aux caprices des femmes, dont le plus ordinaire
étoit que les jeunes gens fuffent libres. Dès
lors, il fe trouva des pères qui pardonnoient
tout à leurs enfants, même à ceux qui
avoient attenté à leur vie (*b*): comment des
enfants, encouragés par une impunité fi con-
damnable, auroient-ils refpecté la vie des
autres Citoyens? Il y en eut d'affés foibles
pour fermer les yeux fur le commerce criminel de leurs fils avec leurs belles mères (*c*): comment ces fils auroient-ils ména-
gé les femmes des autres?

L'au-

(*a*) Cicér. de finib. 1. Tite Live. L. 54. Valere
Maxime L. 5. Ch. 8. n. 3.
(*b*) Valere Maxime L. 5. Ch. 9.
(*c*) Valere Maxime L. c.

L'autorité paternelle est nécessairement
liée avec tout ce qui représente les pères;
comme les vieillards, les Magistrats, le Prince. Elle produit le respect du fils pour son
père, & en même temps le respect pour ceux
qui ont une autorité ressemblante. Si vous
diminués l'autorité paternelle , dit Mr. de
Montesquieu, ou même, si vous retranchés les
cérémonies qui expriment le respect que l'on
à pour elle, vous affoibliffés le respect pour
les Magistrats , que l'on regarde comme des
pères : les Magistrats n'auront plus le même
soin pour le peuple, qu'ils doivent considérer
comme leurs enfants : ce rapport d'amour, qui
est entre le Prince & les sujets , se perdra
aussi peu-à-peu. Retranchés une de ces pratiques, & vous ébranlés l'Etat (*a*).

_ Les Juris-Consultes commencèrent, déja du
temps de la République, à affoiblir l'autorité paternelle; & les Empereurs la réduifi-
rent prèsqu'à rien. On ôta aux pères le droit
de faire mourir leurs enfants , & celui de les
vendre: & on restreignit encore leur puissance à d'autres égards (*b*). Les réformes étoient
néceffaires , dès que les femmes n'étoient
plus

(*a*) Efprit des Loix L. 19. Ch. 19.
(*b*). Voy. Bynkershoek & Noodt differt. de Jure
occid. Liber. Heinec Antiq. Rom. ad Inflit L. 1. Tit. 9.

plus fous la puiſſance de leurs maris, comme les enfants. Les femmes, en prenant l'empire fur les hommes, leur avoient commu-
niqué leurs vices & leurs foibleſſes, & les
écartoient toujours plus du droit chemin:
ceux-ci ne pouvoient donc faire qu'un très
mauvais uſage de la puiſſance illimitée qu'ils
avoient fur leurs enfants. Ils ſacrifioient
leurs biens à l'amour aveugle qu'ils avoient
pour leurs femmes, qui devenoient héritières de tout, par l'exhérédation des enfants.
Ils ſe défaiſoient de ceux du premier lit, pour
adopter ceux que leurs ſecondes femmes
avoient eu de leurs premiers maris; & ils
commettoient, à l'inſtigation de ces femmes,
d'autres atrocités, que l'on rencontre à chaque inſtant dans les hiſtoriens Rc .ains, &
fur tout dans Tacite & Suétone. La puiſſance du père fur les enfants, & celle du mari
fur la femme doivent aller de pair. Sans
cela, l'affoibliſſement de l'une entraine néces-
ſairement l'affoibliſſement de l'autre; & une
infinité de déſordres doivent en être la ſuite,
ſi les Loix ſe relâchent fur l'une des deux.
Quand les femmes ne ſont pas forcées de vivre dans une ſoumiſſion entière, elles cher-
chent toujours à mettre dans les fers ceux
même qui ſont l'objet de leur tendreſſe : elles

ſe

fe révoltent, s'intriguent, & employent mille rufes, pour fe rendre maitreffes de ceux qu'elles aiment.

C'eſt pour cela que la Légiſlation moderne fur ce fujet eſt extrêmement vicieufe. Nous avons retenu pluſieurs objets de la puiſſance paternelle des Romains, tandisque nous n'avons pas même l'ombre de leur autorité fur les femmes. Nous ne fommes obligés de laiſſer à nos enfants que leur Légitime, qui fe réduit fouvent presque à rien; & nous pouvons difpofer de tout le reſte au gré de nos femmes, ou de celles des autres. C'eſt là du moins un principe du Droit commun (*a*), qui, à cet égard, eſt obfervé dans la plus grande partie de l'Europe.

Selon ce même Droit, le fils ne peut pas teſter, pendant qu'il eſt fous la puiſſance paternelle, & il ne le peut pas même, avec le confentement de fon père (*b*). C'eſt là une incohérence manifeſte, qui réfulte du mélange peu fenfé, que l'on a fait du Droit ancien avec le Droit nouveau. Rien de plus naturel que la difpofition, dont nous venons de parler, pendant que l'on fuivoit ce prin cipe,

(*a*) Voy. le Chap. fur les Teſtament*.
(*b*) Pr. Inſtit. L. **2**. Tit. **12**.

cipe, que tout ce que le fils acquéroit, appartenoit au père.   Alors le fils n'avoit rien,
dont il put difpofer, comme dit le Juris-confulte Ulpien (*a*).   Mais dès qu'on accorde
aux enfants des biens, qu'ils peuvent avoir
en pleine propriété; dès qu'ils peuvent en
difpofer à leur fantaifie par contract, il eft
ridicule de leur ôter le droit d'en tefter. L'in-
conféquence eft un défaut qui regne, d'un
bout à l'autre, dans notre Légiflation.   On
s'eft attaché à réformer certains principes
anciens, & on a laiffé fubfifter tout ce qui tenoit à ces principes. Ainfi, dans la Légiflation, touchant le gouvernement domeftique,
on a voulu conferver quelques veftiges de
la puiffance paternelle; mais on a aboli jufqu'à l'idée de la puiffance du mari fur la femme.   D'un autre côté, on a réformé certains
objets de la puiffance paternelle, qui pa-
roiffoient trop durs; & on en a laiffé fubfifter entierement d'autres, qui tenoient à ceux
qu'on venoit de corriger.

Paffons de ces abfurdités de moindre conféquence, à une autre dont les effets font
plus funeftes à la fociété.   Chez les anciens
Romains, les enfants ne pouvoient pas fe
ma-

(*a*) Ulpien. Fragm. Tit. 20. §. 9.

marier fans le confentement de leurs pères;
& les mariages contractés, fans cette condition, étoient nuls (a). Mais le divorce étant
permis, un mari qui ne pouvoit pas fimpathi-
fer avec fa femme, la renvoyoit; & la femme, qui ne pouvoit pas vivre avec fon mari,
le quittoit de même, & en époufoit un autre:
tout cela étoit dans l'ordre. Comme les enfants peuvent faire un mauvais choix, fi on
leur permet de fe marier, contre l'agrément
de leurs pères; quand les paffions font cal-
mées, & que l'efprit eft parvenu à fa ma-
turité, il arrive fouvent qu'ils fe repentent
d'une faute qu'ils ont commife dans un état
d'aveuglement. Or fi ces fortes de mariages
font fréquents, la fociété en fouffre extrêmement: ils l'affoibliffent, & y fement une quantité de vices. Mais comme il n'eft pas rare
non plus, que les mariages faits par les pères
aient des fuites également funeftes, il eft juste de permettre le divorce, pour remédier à
ces inconvénients. C'eft ce que les Romains
ont très bien fenti: mais parmi les modernes, plufieurs Légiflateurs ont donné dans
un ridicule excès de folie. D'un côté, ils ont
déclarés nuls les mariages contractés fans le
con-

(a) Voy. le Chap. fur les mariages.

A 5

confentement des pères; & de l'autre, ils ont défendu le divorce, ou ils ne l'ont permis que dans des cas, qui ne pouvoient naître que de la fotife ou de la méchanceté.

On eft allé encore plus loin: au défaut du père, on a obligé les enfants d'obtenir le confentement de la mère; & au défaut de celle-ci, on les a foumis à aes Curateurs. Mais les femmes font-elles ordinairement affés fages, pour fentir la convenance ou la difconvenance d'un mariage; affés inodérées, pour n'écouter que la raifon, dans leurs refus; affés exemptes de foibleffes, pour méprifer de légères difficultés ? Et les Curateurs ne peuvent-ils pas avoir en vuë leur propre intérêt, celui de leurs parents, ou de leurs amis, dans les empêchements qu'ils forment aux mariages de leurs pupilles?

Dans d'autres païs, ces inconvénients ont porté les Légiflateurs à permettre aux enfants de fe marier fans le confentement de leurs parens; & ce fut furtout le Clergé, qui obligea les Princes Catholiques d'approuver ces fortes de mariages. Cette Loi, fi l'on y eut mis feulement un peu de bon fens, entraîneroit, felon moi, moins d'inconvénients que la Loi contraire; parce qu'on peut concevoir de plus heureufes efpérances d'une

u'iion

union formée par l'amour mutuel des deux parties, que de celle où la prudence, & le caprice d'un autre ont la plus grande part. Mais le Clergé se soucie-t-il de ce que dicte le bon sens, pourvu qu'il parvienne à son but? Les pères du Concile de Trente, dont les Moines & les esclaves de la Cour de Rome formoient le plus grand nombre, ont voulu par là peupler les couvents, afin d'aggrandir la foule des sujets immédiats du Pape. Dans ce dessein, ils ont établi pour principe, que, dès qu'un fils avoit atteint l'âge de la raison, il étoit le maître de choisir l'état de vie qu'il vouloit embrasser; & ils conclurent de là, qu'il pouvoit se faire Moine, à seize ans, même contre la volonté de son père, & se marier, au même âge, au gré de ses passions (*a*). Une si grande liberté, dans un âge où la raison commence à peine à se déveloper, rend cette Loi très mauvaise: elle choque également les droits paternels, & ceux de la société: elle conduit des aveugles & des furieux sur les bords d'un précipice, dans lequel ils sont les maîtres de se jetter: le Législateur, qui devroit les en empêcher, les

y

(*a*) Session 24. Reform. matr. Ch. 1. Session 25. de Regul. Di. 15.

y laiſſe tomber en pleine liberté, & en écar-
te ceux qui voudroient les retenir. Voilà déjà
de grands maux, mais ce n'en.eſt pas encore
la fin. Après avoir permis aux enfants de ſe
marier contre le gré de leurs parents, on a
laiſſé à ceux-ci le droit de s'en venger, par la
liberté qu'on leur accorde de renvoier ces
enfants à leur légitime, qui ſe réduit ſouvent
presque à rien. Cette Légiſlation paroit faite
pour exciter les hommes à ſe faire des outra-
ges, & à s'entre-nuire mutuellement. S'il eſt
juſte que les enfants puiſſent ſe marier ſans
le conſentement des parents, il eſt injuſte
que ceux-ci puiſſent les priver de la plus
grande partie de leur fortune, & les rendre
par là des Citoyens inutiles, & ſouvent même pernicieux à la Société. J'ai déjà parlé
ailleurs de cette iniquité.

Le parti le plus ſage, ce me ſemble, que
l'on puiſſe prendre à ce ſujet, eſt d'interdire
aux enfants, qui n'ont pas atteint l'âge de
vingt cinq ou trente ans, ſelon la différence
des païs, tout mariage contre la volonté de
leurs pères; ou de défendre également aux
enfants de tout âge de ſe marier, ſans ce
conſentement; à moins que le Magiſtrat,
dont on aura réclamé l'autorité, ne leur en
ait accordé la permiſſion, non-obſtant l'oppo-
ſition

fition du père, qui doit alors être cenfée injufte & déraifonnable. Mais fi la Loi permet au
fils de fe marier contre la volonté du père,
elle doit auffi empêcher celui-ci de le priver
de fa fucceffion. J'ai déjà dit ci-deffus, qu'il
eft abfurde de donner le même poids à l'oppofition de la mère, ou des Curateurs.

Je viens de faire mention d'une Loi ecclé-
fiaftique, qui permet aux enfants d'embraffer
le Monachifme, à l'âge de feize ans, contre la
volonté de leurs parents. Cette Loi abomi-
nable, qui viole les droits que la nature a
donné aux pères fur leurs enfants, qui défole
les familles, qui dépouille la fociété de fes
membres, qui enlève aux arts & aux fciences
utiles des hommes capables de les cultiver,
qui caufe la perte de ceux qui s'en prévalent,
parce qu'elle fournit des armes à qui ne fcait
s'en fervir que pour les enfoncer dans fon
propre fein, cette Loi exécrable, dis-je, a
déjà affés excité l'indignation des gens de
bien, pour que je n'aie pas befoin d'en parler ici.

CHA-

CHAPITRE VII.

Du Concubinage.

LEs Romains appelloient Concubine, une fille de baſſe naiſſance, qui vivoit conjugalement avec un homme non marié. Ce concubinage étoit permis chez eux. Les Cenſeurs, qui du temps de la République, ſe donnoient toutes les peines pour encourager les Citoyens au mariage, ne ſirent jamais rien pour l'abolir ou pour l'arrêter. L'Empéreur Auguſte, qui établit des peines très ſévères contre ceux qui n'avoient point de femmes, & contre ceux qui, étant mariés, n'avoient point eu d'enfants, le permit expreſſément. Il fit même pour ceux qui ne voudroient avoir que des concubines, divers réglements (*a*), auxquels ſes ſucceſſeurs en ajoutèrent d'autres. Cela prouve que l'on avoit de grandes raiſons pour permettre cet uſage : ces raiſons pourroient bien être les ſuivantes.

Le

(*a*) Voy. le titre de Concub. dans les Pandeĉtes & dans le Code. L. 144 D. de Verb. Sig. 56. L. de Rit. nupt. L. 31. D. de Donat. L. 29. pr. & L. 49. ſ. 4. D. de Legit 3. L. 121. ſ. 1. D. de verb. oblig.

Le luxe apauvriſſoit une infinité de perſonnes: les caprices des pères, qui pouvoient à leur fantaiſie deshériter leurs enfants, ou ne leur laiſſer qu'une très petite portion de leurs biens, en ruinoient pluſieurs autres. Ces gens là n'étoient pas en état de ſe marier : il falloit donc leur laiſſer la liberté de prendre des concubines. Sans cela, ils auroient ſatisfait leurs beſoins ou leurs paſſions, par des voyes qui nuiſent à la propagation ; au lieu que le Concubinage ne donnoit pas moins que le mariage des Citoyens à l'Etat, quoiqu'ils fuſſent d'un Ordre inférieur.

Depuis que la corruption des mœurs eut introduit dans Rome la licence éfrénée des divorces, les femmes quittoient leurs maris avec la même facilité que ceux-ci renvoyoient leurs femmes (*a*). Bien des hommes en concevoient du dégoût pour un autre mariage ; & alors, les plus modérés, au lieu de courir après les proſtituées, ſe choiſiſſoient, parmi les affranchies, ou dans la populace, une honnête concubine.

Chez les peuples modernes, le luxe, & le droit que les pères ont preſque partout de priver leurs enfants de la plus grande

par-

(*a*) Voy. le Chapitre ſur les mariages.

partie de leurs biens, produifent les mêmes
éffets que chez les Romains. Une infinité de
gens fe trouvent ruinés par là; & nous avons
outre cela les Fidei - Commis, les Primogénitures, les Majorats, & d'autres fortes de fubftitutions, qui réduifent les branches cadettes
d'une famille, & fouvent les poffeffeurs mêmes de ces Fidei-Commis, à la mifère la plus
déplorable (a).   Nous aurions donc de plus
fortes raifons de permettre le Concubinage
parmi nous, que n'en avoient les Romains.

Dans les païs Catholiques, il y en a encore une autre. Les Célibataires de rrofeffion
y attaquent la pudicité de toutes les femmes :
car partout où fe trouve établi un Ordre de
perfonnes, qui font vœu de chafteté, c'eft
une néceffité que la nature l'emporte fur le
vœu; & de là combien d'enfants adultérins,
qui enlèvent aux légitimes héritiers les biens
qui leur appartiennent! Cet inconvenient affreux feroit moins fréquent, fi le Concubinage étoit permis.   L'homme chafferoit la
concubine, qu'il foupçonneroit d'infidélité : il
excluroit de fa fucceffion les enfants qu'il
foupçonneroit être nés du commerce qu'elle
auroit eu avec un autre, & difpoferoit de fes
biens

(a) Voy. le Chapitre fur les Fidei-Commis.

biens en faveur de ſes plus proches parents.
Rien de tout cela ne peut avoir lieu dans le
marlage.

Pourquoi ne toléreroit-on pas le concubi‑
nage? N'a-t-il pas été permis ſous les pré‑
miers Empereurs Chrétiens (*a*)? Juſtinien
lui-même ne l'appelle-t-il pas une coutûme
licite (*b*)? Les Pères du Concile de Tolède
ne furent-ils pas d'avis qu'on devoit le tolérer
en Eſpagne (*c*)? Et Iſidore d'Eſpagne ne dit-il
pas expreſſément, qu'un Chrétien peut avoir
une Concubine, s'il n'eſt point marié (*d*)?

Il faudroit ſeulement, dans ce cas, adopter
les ſages diſpoſitions des Romains.   Chés
eux, il étoit défendu de prendre pour Concu‑
bines, des filles de naiſſance: il falloit les
choiſir parmi les affranchies, ou dans la po‑
pulace (*e*).   Un homme marié ne pouvoit
pas

(*a*) Voy. Boehmer. Jus eccleſi. Protes. Tom. 2.
L. 3. Tit. 2.
(*b*) Nov. 18. Ch. 4.
(*c*) Concil. Tolet. 1. Ch. 17.
(*d*) Chriſtiano non dicam plurimas ſed nec duas ſi‑
mul habere licitum eſt, niſi unam tantum uxorem
aut loco uxoris, ſi conjux deeſt, concubinam. Iſid.
C. 5. D. 34.
(*e*) L. 49. §. 4. D. de leg. 3. L. 3. D. de con‑
cub.

Part. II. B

pas en avoir (*a*). On pouvoit renvoyer la
Concubine, quand on en étoit dégoûté: fi elle
devenoit infidèle, on pouvoit l'accufer d'adultère (*b*).   Les enfants qu'elle donnoit, n'é-
toient point flétris; ils devenoient Citoyens:
mais ils ne tomboient pas fous la puiffance
des pères, comme ceux qui naiffoient d'un
véritable mariage. Ils pouvoient fuccéder à
leur père; mais celui-ci pouvoit les exclure
de fa fucceflion, par fon Teftament.

Après ce que je viens de dire, je ne conçois pas comment ces paroles ont pu échapper à Mr. de Montefquieu.   „ On fit peut-
„ être, dit-il, à Rome, des difpofitions trop
„ dures contre les bâtards. Mais les inftitu-
„ tions anciennes mettant tous les Citoyens
„ dans la néceffité de fe marier, les mariages
„ étant d'ailleurs adoucis, par la permis-
„ fion de répudier ou de faire divorce, il
„ n'y avoit qu'une très grande corruption de
„ mœurs qui put porter au concubinage " (*c*).
Les Romains n'appelloient point *bâtards*, les
enfants qui naiffoient du concubinage: ils
les appelloient *fils naturels* (*d*): les bâtards

(*a*) Paul. Recep. fent. L. 2. Tit. 20.
(*b*) L. 13 Pr. D. ad leg. Jul. de adulter.
(*c*) Efprit des Loix L. 23. Ch. 6.
(*d*) Voyés le Titre du Code de Liber. natur.

tards étoient ceux qu'ils nommoient, *Spurii*. Il est vrai que les difpofitions contre les bâtards étoient dures : mais elles ne l'étoient pas contre les enfants nés d'une concubine ; & Mr. de Montefquieu parle ici du concubinage. D'ailleurs, pourquoi les Romains auroient-ils févi contre l'éffet, puisqu'ils ne féviffoient pas contre la caufe ? M. de Montesquieu femble fuppofer ici, que la Légiflation de Rome avoit en horreur le concubinage ; quoiqu'il foit certain qu'elle l'a toujours toléré, & même permis. Après cela, comment auroit-elle fait des difpofitions dures, contre les enfants qui en naiffoient ? Il étoit néceffaire de les diftinguer de ceux qui étoient nés d'un véritable mariage : c'eft auffi ce qu'elle a fait, & rien de plus.

Les Empereurs Chrétiens portèrent, à l'inftigation du Clergé, des coups mortels au mariage. Ils approuvèrent les vœux de chasteté ; ils ôtèrent les récompenfes accordées, par les anciennes Loix, aux gens mariés ; ils ftatuèrent des peines contre les fecondes nôces : cela rendit le concubinage plus commun. Alors ils fe mirent auffi à frapper fur cet ufage ; & entr'autres chofes, ils imaginèrent d'accorder la légitimation des fils naturels, à ceux qui épouferoient formellement

B 2

leurs

leurs Concubines (*a*). Comme les Concubines étoient ordinairement, & devoient être d'une naiffance bien inférieure à celle des maris, cela ne fit qu'avilir les mariages & les familles, fans arrêter le concubinage. Dès que les Prêtres fe mêlent de ces objets, ils gâtent tout.

CHAPITRE VIII.

Des Teftamens.

LEs Loix, renfermées dans les Pandectes & dans le Code Juftinien, touchant la matière Teftamentaire, ne nous préfentent qu'un affemblage des Loix des douze Tables, des formules des Patriciens, des fubtilités des anciens Jurisconfultes, des Edits des Prêteurs, des Conftitutions des Empereurs, & des nouveaux règlements faits par Juftinien. C'eft là l'ouvrage de la Légiflation de treize Siecles. On y voit fondues enfemble, des Loix faites pour des hommes

de

(*a*) Heinec. Antiq. Rom. ad Inftit. L. I. tit. 10. de Legitim.

de mœurs fimples & auftères, avec des Loix
accommodées au génie & au caractère de gens
corrompus par l'avarice, & emportés par la
licence ; des Loix, établies du temps de la
République, & des Loix, faites du temps de
la Monarchie ; des Loix, compofées par la
Nobleffe pour fon propre interêt, & felon
les vuës de fa politique, & des Loix, qui
n'ont d'autre fondement que les fubtilités des
Juris-confultes, ou qui doivent leur origine
aux Edits des Magiftrats partifans de l'équité ;
enfin des Loix, portées par des Empereurs,
qui faifoient profeffion de réformer l'antiquité.
C'eft une Légiflation, formée de plufieurs fy-
ftêmes différens, dont les uns ont été dictés
par le caprice, & les autres par l'ambition,
fur une matière où tout doit être lié, mefu-
ré, raifonné, accommodé aux circonftances
actuelles de l'Etat, au caractère, aux mœurs,
& aux manières des Citoyens.

Dans cette matière, le Légiflateur doit
examiner, fi les mœurs de fes fujets, & les autres circonftances où ils fe trouvent, exigent
qu'il étende la liberté de tefter, au préjudice
des parens qui fuccèdent *ab inteftat* ; ou s'il
eft plus à propos qu'il prefcrive des bornes aux Teftateurs, pour favorifer les parents.
Il doit confidérer, fi les Loix concernant le

droit

droit de tefter, font analogues aux autres droits que fes fujets ont fur leurs biens, & fur les perfonnes qui dépendent d'eux. Il doit faire attention; fi dans les circonftances où fe trouve fon Etat, il doit accorder indistinctement ce droit à tout le monde, ou feulement à un certain Ordre de perfonnes. Il ne doit pas perdre de vuë, fi la malice des Citoyens exige qu'il mette des entrâves à ce droit par des formalités, ou fi leurs bonnes qualités méritent qu'il l'en décharge. Enfin, il y a quantité d'autres confidérations à faire, qui demandent beaucoup de prudence, & qui excluent tout caprice de cette Légiflation. Aucune de ces confidérations n'a dirigé ceux qui, fous les aufpices de Juftinien, ont recueilli & rédigé les Loix, qui concernent les Teftamens & les Succeflions: ils ne fe font abfolument propofé aucun des buts qu'un Légiflateur doit avoir. On voit évidemment que ce font des Loix, que le hazard a préfentées fous les yeux des Compilateurs, & que leur inconfidération a ramaffées.

Entrons dans un éxamen détaillé de ces Loix, & commençons par confidérer la marche de la Légiflation Romaine, à l'égard des folemnités Teftamentaires. Les Loix des douze tables donnoient à tout Citoyen Romain

main

main la liberté de tefter à fon gré (*a*). Cette
Loi n'accomodoit pas les Patriciens, parce
que cette liberté illimitée mettoit les Plébeïens dans le cas de fe paffer de leur affi-
ftance, dans la partie la plus importante de
leurs affaires civiles. Pour forcer les Plébeïens de les appeller dans ces fortes d'affaires, ils imaginèrent d'affujettir les Teftamens
aux folemnités, & aux formules, dont nous
avons déjà parlé. Ils inventèrent la *mancipation*, & firent accroire aux Citoyens qu'un
Teftament ne pouvoit pas être valable, fans
cette formalité. Il faut voir dans les Auteurs qui en traitent, en quoi confiftoit cette folemnité, & comment elle fe faifoit (*b*). Nous nous contenterons de dire
ici, que c'étoit une vente imaginaire, où le
Teftateur feignoit de vendre fes biens, en
préfence de cinq témoins, à une perfonne
qui répréfentoit l'héritier, & faifoit femblant
de les acheter avec une monnoye de cuivre,
qui devoit répréfenter le véritable prix de
l'héritage, & que l'on pefoit pour cela dans
une balance de cuivre. Le vendeur, l'acheteur

(*a*) Pater familias uti legaffit fuper pecunia tutelave
fux rei ita jus efto. Ulpian Fragm. Tit. 14. §. 14. Pr.
Inft. de Lege. Falcid. L. 53. D. de V. S.

(*b*) Heinec. Antiquit. Roma. ad Inft. L. 2. Tit. 10. ex. §. 6.

teur, le peſeur, les cinq témoins, tous jouoient leur role dans cette ſolemnité, chacun à ſon tour; & tous étoient aſtreints à de certaines cérémonies, & à de certaines paroles : de ſorte que ſi l'on s'étoit mépris dans la moindre choſe, dans une parole, dans une ſillabe même, dans l'arrangement de chaque acte, dans l'ordre des mots, tout étoit nul, & il falloit recommencer la ſolemnité (*a*). Après cela, comment auroit-il été poſſible aux Citoyens, qui ignoroient les fineſſes de l'art, & qui n'étoient pas initiés dans les myſtères de cette Juris-prudence artificieuſe, de déclarer toutes leurs volontés, de les détailler, & de les exprimer par les formules preſcrites, que les Patriciens cachoient avec le plus grand ſoin ? De plus, comment auroient ils pu obſerver l'ordre, & les autres ſolemnités, que la ruſe avoit rendues néceſſaires ? Par ce moyen, les Patriciens réusſirent ſi bien dans leur projet, qu'il n'y eut dabord perſonne qui put faire un Teſtament, ſans l'aſſiſtance de quelqu'un de leur Ordre. L'habitude retint long-temps les Romains dans la gêne de ces ſolemnités & de ces formules, même après que les myſtères des Patriciens eurent été rendus

dus

(*a*) Voy. Heinec, Loc. citat. Ulpian. Fragm. Tit. 20. §. 2.

dus publics. Le prémier qui les dévoila, fut Flavius, Greffier d'Appius , & enfuite Sextus Ælius (*a*) ; mais l'ufage des formalités rendit la préfence des Juris-confultes abfolument né‑ ceffaire dans tous ces actes, même plufieurs fiècles après (*b*).

Dans la fuite, les Préteurs commencèrent à trouver cette folemnité trop gênante. Ils publièrent dans leurs Edits, qu'il fe contente‑ roient que les Teftaments fuffent fignés par fept témoins, quand même l'héritier ne fau‑ roit prouver que le Teftateur avoit obfervé les formalités d'ufage (*c*). La raifon, qui porta les Préteurs à exiger la fignature de fept té‑ moins, fut que le même nombre de perfonnes intervenoit dans les Teftaments qui fe fai‑ foient, felon l'ancien Droit civil, par l'acte de la mancipation, favoir l'acheteur, le pe‑ feur, & les cinq témoins. Lés Préteurs n'avoient pas le droit d'abolir directement les ufages établis par le Droit civil : ils ne pouvoient le faire que par des voyes indirec‑ tes. Ainfi ne pouvant pas abolir l'acte de la man‑

(*a*) Cic. de Orat· L. 2. Ch. 6. Suétone vie de Né‑ ron Ch. 32. Ulpian. Fragm. Tit. 20. §. 2.

(*b*) L. Lucius Titius 88. §. 17. D. de Legat. 2. Ar‑ rian. Epiatet. L. 2. Ch. 13.

(*c*) Voy. Cic. in Verrem. orat. 1. Ch. 45.

mancipation, ils déclarèrent qu'ils regarderoient comme valiues, les Teſtamens ſignés
par ſept perſonnes (*a*). Cela les obligea
d'imaginer un autre expédient, par raport à
l'action qu'ils devoient accorder aux héritiers,
qui préſentoient de pareils Teſtamens. Ils
ne pouvoient leur accorder l'action intitulée,
la *pétition d'hérédité*, qui, étant une action du
Droit civil, ne pouvoit ſervir qu'à ceux qui
préſentoient un Teſtament, fait ſelon la forme
de ce Droit. Ils inventèrent donc une autre
action, qui put avoir lieu pour les Teſtaments
de l'invention Prétoriène, & ils donnèrent
à cette action le nom de *poſſeſſio bonorum*,
poſſeſſion des biens. C'eſt pour cette raiſon
que le Droit Romain exige la préſence de
ſept témoins, dans les Teſtamens : voilà l'origine des poſſeſſions des biens. Cette Légiſlation porte-t-elle l'empreinte de la raiſon &
de la prudence ?

Après la chûte de la République, les Empereurs continuèrent à bâtir ſur les mêmes
principes. Ne connoiſſant pas l'eſprit & les
ſources des anciennes Loix, au lieu de les
abolir, ils firent des additions ſur le même
fonds.

(*a*) Voy. Heinec. Antiq. Roman. ad Inſtit. L. 2.
Tit. 10. §. 13. & ſuiv.

fonds. Ils ajoutèrent d'autres formalités aux Teſtaments : ils les chargèrent même ſi fort, qu'ils ſe virent enfin obligés de faire pluſieurs exceptions à leurs règlements, & d'inventer les Teſtamens privilégiés, où l'on feroit diſpenſé d'une partie de ces formalités. Tout cela ne ſervit qu'à groſſir le nombre des Loix, & à multiplier les diſputes & les procès.

Sous l'Empereur Auguſte, on inventa l'uſage des Codiciles (*a*). Ceux-ci n'exigent que cinq témoins : mais ces actes ne concernent que les Legs & les Fidei-commis : l'inſtitution, ou l'exhérédation directe des héritiers n'y eſt pas admiſe : de-là l'origine des clauſes codicilaires, pour ajouter aux Teſtaments. Enfin, on trouva auſſi le moyen de faire ſubſiſter indirectement une inſtitution directe, qui auroit été faite dans un Codicile. Par ces différentes inventions, on a ſi bien rapproché ces deux ſortes de dernieres volontés, qu'un Teſtament peut ſouvent ſubſiſter comme un Codicile, & un Codicile avoir les mêmes éffets qu'un Teſtament (*b*).

Ces

(*a*) Inſtit. Tit. de Codic. Princ.

(*b*) Voy. Domat Loix Civiles dans leur ordre naturel L. 3. Tit. 1. Sect. 4. & L. 4. Tit. 1. Vinn. Inſtit. L. 2. Tit. 25. Juſt. Henning Boehmer. Diſſert. de Codic.

Ces Codiciles & ces Teſtamens, munis de la clauſe codicilaire, donnent lieu à une infinité de queſtions & de procès: ce qui n'arriveroit pas, ſi une foule de ſolemnités inutiles n'avoient pas fait imaginer ces Codiciles, & cette eſpèce de Teſtamens.

Je ne prétends pas frapper indiſtinctement ſur toutes ſortes de ſolemnités. Il en faut certainement dans les Teſtaments, pour les aſſurer contre les entrepriſes des fauſſaires & des chicaneurs. Mais il eſt abſurde d'embaraſſer les dipoſitions des Teſtateurs de formalités également onéreuſes & inutiles. Il n'appartient qu'à des Légiſlateurs inſenſés, de multiplier ſi fort les ſolemnités requiſes dans les diſpoſitions ordinaires, qu'on ſoit enfin obligé d'inventer des formes extraordinaires, pour certaines perſonnes, & dans certains cas: ce qui ne fait que multiplier les Loix, les exceptions, & par conſéquent les procès. M. de Monteſquieu dit (a), que chez la plupart des peuples, les Teſtaments ne ſont pas ſoumis à de plus grandes formalités que les contracts ordinaires, parceque les uns & les autres ne ſont que les expreſſions de la volonté de celui qui contracte. Mais il devoit

obſerv

____

(a) Eſprit des Loix L. 27.

obferver que, par raport à la certitude des expreffions, il y a une très grande différence entre celles dont fe fervent ceux qui contractent, & celles qu'employent ceux qui 'testent. Dans les contracts, les parties intéresfées font à l'abri de la fraude, parce que les deux contractans font également inftruits de ce qui s'eft paffé entre eux; parcequ'ils transmettent à leurs héritiers leurs accords avec leurs claufes; & qu'ordinairement, l'exécution des contrats commence du vivant des contractans mêmes: ainfi il leur eft difficile de fe tromper. Mais dans les dernières volontés d'un défunt, où un feul a parlé, & où l'exécution n'a lieu qu'après la mort du Teftateur, la fraude a un champ plus libre, & plus dangéreux. Je connois des païs, où le Clergé forge plus de legs pieux, que fes dupes ne lui en laiffent de vrais.

La plus abfurde des Loix que l'on trouve en ce genre, eft celle des Empereurs Théodofe & Valentinien (*a*): ils y préscrivent un grand nombre de formalités, à obferver dans les Tefaments clos & fecrets, dont on ne lit point le contenu aux témoins: le Teftateur n'étant obligé que de leur montrer le papier, où fa volonté

eft

____

(*a*) L. 21. C. de Teftam.

eſt rédigée, pour qu'ils y mettent leur nom &
leur ſeing. Ces Empereurs ajoutent, que ſi
le Teſtateur ne ſçait ni lire ni écrire, il peut
faire écrire le Teſtament par un autre, & le
préſenter de même aux témoins, afin qu'ils
y ſouſcrivent. Ainſi toute la certitude d'un
pareil Teſtament repoſe ſur la foi de celui
qui l'a couché par écrit, & qui a pu y inſérer tout le contraire de ce que le Teſtateur
lui a ordonné. Quelle inconſéquence de préſ-
crire tant de formalités, tandis qu'on ouvre
la porte à la mauvaiſe foi & à la fraude !

Les formules Teſtamentaires étoient conçues en des termes, qui portoient ſur tout
le patrimoine du Teſtateur: ce qui a donné
lieu à un principe de Droit, qui n'a aucun
rapport à la volonté des Teſtateurs, ni à
l'équité. Ce fameux principe eſt celui qui
établit, que l'hérédité ne peut être en partie
Teſtamentaire, & en partie *ab inteſtat* (*a*).
On s'y trouva engagé par les paroles de ces
formules; & l'on crut même que c'étoit le
ſens propre des expreſſions de la Loi des
douze Tables. Cette Loi portoit, que ſi quelcun

(*a*) Les Juſtes l'expriment par ces paroles. Ne-
mo pro parte teſtatus, pro parte inteſtatus decedere
poteſt. §. 5. Inſtit. de Her. Inſt. L. 7, D. de R. J.

cun mouroit fans Teftament, le plus proche parent d'entre les mâles devoit recueillir
familiam, ce qui défignoit tous les biens du
défunt (*a*). De-là on tira cette conféquence,
que celui qui fuccédoit *ab inteftat*, devant
avoir tous les biens du défunt, *familiam*, il
n'étoit pas permis aux vivants de régler leurs
dernieres volontés, de façon que le fucceffeur
ab inteftat n'eut qu'une partie de l'hérédité.
Dans la formule de la mancipation, le mot
familia fe trouvoit auffi : on jugea par conféquent qu'on ne pouvoit pas, fans une contradiction infupportable , employer, dans la
folemnité de l'acte, le mot *familia*, & laiffer en même temps aux Teftateurs la liberté
de mourir *ab inteftat*, à l'égard d'une partie
de leurs biens. ,, Notre Droit ne permet pas,
,, dit le Juris-confulte Pomponius, qu'une
,, même perfonne, qui n'eft pas militaire,
,, meure, en laiffant fon hérédité, en partie par
,, Teftament, & en partie *ab inteftat :* car ces
,, deux chofes font naturellement oppofées,
,, tefté, & *ab inteftat* ''. C'eft fur de pareilles.

futi-

(*a*) Voici les paroles de la Loi. Si inteftato mori-
tur cui fuus heres nec efcit, agnatus proximus familiam habeto; fi agnatus nec efcit, gentilis familiam
nancitor. *L.* 7. *D.* de *R. J.*

futilités qu'eſt fondée une règle, qui dans
le Droit Romain, eſt de ſi grande conſéquence, & qui en produit tant d'autres, comme
le ſçavent les Juris-conſultes. En vertu de
cette règle, celui qui n'auroit été inſtitué héritier que pour le fonds de Tuſculum, par
exemple, devoit hériter de tous les biens
meubles & immeubles du défunt, quoique
ſon intention fût évidemment que ſes autres
biens paſſaſſent à ſes héritiers légitimes (*a*).
C'eſt auſſi ſur cette règle qu'eſt fondée la
principale diſtinction entre les Teſtaments
& les Codiciles. C'eſt elle qui a produit le
droit d'accroiſſement, *jus accreſcendi :* droit
plein de ſubtilités & de queſtions épineuſes.
C'eſt d'elle que vient un grand nombre de
Loix des Pandectes, où regnent la ſubtilité
la plus fine, & la plus grande obſcurité.

On peut cependant éluder toutes les abſurdités, & les iniquités de cette règle, à la faveur
des Fidei-Commis & des Codiciles. Ce n'eſt
pas ici le lieu de le faire voir: cela nous
jetteroit dans une matière trop longue & trop
aride : il ſuffit que les Juris-conſultes le ſa-
chent, & ne puiſſent le déſavouer. Il eſt
donc

(*a*) Voy. Vinn. Inſtit. Tit. de Her. Inſt. Domat.
des Loix Civiles des Teſta. Tit. 1. Sec. 9.

donc évident que ce principe fi bizarre, fi obfcur, & fi fécond en chimères, ne fert plus, après l'invention des Fidel-Commis & des Codiciles, qu'à corrompre, confondre, & embrouiller la Légiflation.

Les Patriciens, ayant tout foumis aux formules, n'avoient pu manquer d'en imaginer une, pour l'adition de l'hérédité. Ils exigèrent donc qu'on la recueillit avec une certaine cérémonie, qu'ils appellèrent *crétion*. Or toute formule demande une exactitude fcrupuleufe : fans cela, le moindre relâchement en aboliroit infenfiblement l'ufage. Ces formalités devoient, en conféquence, être exécutées en perfonne par ceux même que l'affaire regardoit, & les Procureurs n'y étoient point admis. Par la même raifon, l'adition de l'hérédité ne pouvoit pas fe faire par Procureur. Dans les premiers temps de ces Inftitutions, on infiftoit fi fort fur ces cérémonies, qu'il n'étoit permis d'inftituer héritiers ni les Dieux, ni les Communautés, parce qu'ils ne pouvoient recueillir l'hérédité que par le moyen des Procureurs.

On avoit auffi attaché à ces rites, & à ces mots folemnels, un refpect réligieux, qui banniffoit de ces actes tout ce qui auroit pu tenir du hazard, de l'inconfidération, ou de vuës vagues & incertaines. On établit en conféquence, que toute condition feroit rejettée de l'adition; que l'héritier ne pourroit pas fe déclarer, avant la mort du Teftateur, & fans en avoir une connoiffance certaine; qu'il feroit tenu de fçavoir, s'il fuccédoit par Teftament, ou *ab inteftat*; s'il eft héritier univerfel, ou feulement d'une partie; s'il à été inftitué fimplement, ou avec quelque condition. On ftatua, qu'un fils ne pourroit pas recueillir l'hérédité, qui lui auroit été laiffée par un autre, fans en avoir obtenu le confentement de fon père.

Dans la fuite, on abolit ces formalités, & cette crétion folemnelle; mais en détruifant la caufe, on laiffa fubfifter prèsque tous fes éffets : on ôta l'extérieur, en retenant le fond. La pluspart des queftions & des décifions, renfermées dans le titre fecond du livre 29 des Pandectes, & le fixième du livre 31 du Code, ont leurs fondements dans les anciennes formules, & les cérémonies Teftamentaires. On voit, entre mille autres, un exemple bien frappant de ce que je viens de dire, dans une Loi du Juris-confulte Ulpien (*a*). Le fils ne pouvant pas fe porter

héri-

(*a*) L. 25. D. de Acq· vel. omit. hered.

héritier d'une hérédité, qui lui a été laissée
par un autre, avant d'avoir reçu l'ordre paternel de la recueillir, Ulpien demande, s'il
suffit que le Père ait accordé à son fils un
pouvoir général d'accepter toute hérédité qui
pourroit lui échoir, ou s'il est nécessaire que
telle hérédité lui soit échuë, & que son Père lui donne un pouvoir spécial de la recueillir. Ulpien se déclare pour la nécessité d'un
ordre spécial, à l'exclusion de tout ordre général ; & il cite Cajus Cassius, qui a été du même sentiment, avant lui. Cependant Ulpien
vivoit sous l'Empereur Sevère : temps auquel
on avoit déja commencé à se relâcher à l'é-
gard de ces rigueurs minutieuses: & les insensés Compilateurs des Pandectes ont fait
une Loi de cette décision, même après l'abolition expresse des formules. Il y a mille
autres Loix pareilles dans les Pandectes, &
dans le Code.

Le principe du Droit Romain, que l'héritier ne peut point transmettre, à ses héritiers
Testamentaires ou naturels, l'hérédité qu'il
n'a pu recueillir avant sa mort, découle évidemment de ces mêmes formules. Les formules ont été bannies ; mais le principe est resté,
comme bien d'autres. Il est vrai que les
Empereurs ont fait des exceptions à cette rè-

 gle,

gle; mais ils n'ont fait par là qu'augmenter le mal. Ce ne font que des branches d'un mauvais arbre: fi on l'eut coupé par la racine, on n'en auroit ni le tronc, ni les branches.

Cette Juris-Prudence formulaire a produit un autre mal confidérable, en ce qu'elle a extrêmement retréci l'efprit des Juris-confultes; qu'elle leur a infpiré un attachement fervile pour les mots; & qu'elle a tourné toute leur attention vers des minuties, & des fubtilités frivoles. Ce mal n'a pas ceffé avec fa caufe; & les Juris-Confultes n'ont pas laiffé d'en être infectés, après l'anéantiffement des formules: la contagion a continué, même après la deftruction de fa fource. On rencontre, dans les différents titres qui concernent la matiere Teftamentaire, des Loix fans nombre, qui ne font fondées que fur des difputes de mots: il en eft une bien remarquable parmi celles qui nous viennent du Juris-Confulte Modeftinus (a). Un Teftateur avoit légué, à un ami, une de fes terres, & à un autre, l'ufufruit de cette même terre. Ce Juris-Confulte déclare là deffus, que fi le Teftateur a cru léguer à l'un, la propriété toute feule du bien, & à l'autre, l'ufufruit entier du

même

(a) L. 19. D. de ufu & ufuf. Legat.

même bien, il s'eft trompé. Selon lui, l'ufu-
fruitier ne peut avoir que la moitié de l'ufufruit, & l'autre moitié appartient au légatai-
re de la propriété ; car la propriété, conti-
nue Modeftinus, comprend auffi l'ufufruit:
& fi le Teftateur vouloit que l'ufufruit ap-
partînt entièrement à l'un d'eux, il devoit
léguer à l'autre la propriété, *detraƈto ufufruc-*
tu, avec déduƈtion de l'ufufruit. La Loi
114. §. 3. de leg. 1. nous fournit un autre
exemple, dans ce même goût. Un Teftateur
a d'abord inftitué deux héritiers, par égales
portions: enfuite il a chargé, dans le même
Teftament, l'un d'eux de donner un fomme
d'argent à fon cohéritier. Celui-ci ne peut
prétendre, felon la décifion de la même Loi,
que la moitié de la fomme: l'autre moitié
reftant à celui qui doit la payer, parcequ'ils
doivent être également héritiers. C'eft ainfi
que les Juris-Confultes interprêtoient les volontés des Teftateurs: ils s'attachoient aux
mots, & alloient contre les intentions les
plus claires des défunts.

On ne voit qu'efprit de chicane, dans tout
ce qui vient des Juris-Confultes Romains.
La plainte de l'inofficiofité du Teftament n'a
rien de fenfé, d'un bout à l'autre. Suivant le
Droit ancien, le Père n'étoit pas obligé de

C 3

laiffer

laiſſer, dans ſon Teſtament, la moindre cho‑
ſe à ſes enfants : il pouvoit même en exclure
entierement, ou paſſer ſous ſilence, tel enfant
qu'il vouloit, & perſonne ne pouvoit s'en
plaindre. C'étoit là une conſéquence néces‑
ſaire des deux Loix, dont l'une donnoit à
tout Père de famille une puiſſance abſolue
ſur ſes enfants ; & l'autre, lui permettoit
de diſpoſer de tous ſes biens à ſa fantaiſie.
Ces inſtitutions attachoient les Pères aux en‑
fants par affeꞔtion, & les enfants aux Pères,
par une obeïſſance aveugle & un reſpeꞔt ſans
bornes. Auſſi n'a-t-on point d'exemples, que
les Pères aient abuſé de leur autorité, pen‑
dant que la puiſſance paternelle s'eſt conſer‑
vée dans toute ſa rigueur. Mais la corruption
des mœurs, qui s'introduiſit dans la ſuite, en‑
gagea les Pères à ſe relâcher ſur leur pou‑
voir, & les enfants, ſur leur ſoumiſſion. Des‑
lors, il y eut des pères qui eurent plus d'amour
pour des étrangers que pour leurs enfants ;
& des enfants, qui oſèrent s'attirer la haine de
leurs Pères : après quoi, on commença à voir
des Teſtaments, où les enfants étoient deshéri‑
tés, & d'autres, où ils étoient paſſés ſous ſilen‑
ce : ce qui produiſoit le même éffet. On ſongea
à rémédier à cet abus. Les Juris-Conſultes,
qui ne pouvoient pas changer le Droit, s'avi‑

ſèrent

fèrent de recourir à une fiction, qui étoit la
reſſource ordinaire des Juris-Conſultes & des
Préteurs, lorsqu'ils vouloient y faire des changements, ſans paroître y porter atteinte. Il y
avoit une Loi des douze Tables, qui annulloit
les Teſtaments de ceux qui étoient tombés en
démence. Les Juris-Conſultes imaginèrent
donc d'établir que, le Teſtament de celui qui
auroit deshérité ſon fils expreſſément, ou par
ſon ſilence, feroit déclaré nul, ſi le fils pouvoit démontrer que ſon Père n'avoit eu aucune raiſon de le déshériter (*a*).

Comme ce qui eſt faux ne peut produire
rien de bon, ce principe, que les Juris-Conſultes avoient fondé ſur une raiſon fauſſe,
les entraîna bientôt dans une infinité d'inconféquences & d'abſurdités. D'abord, pour
donner une couleur favorable à leur invention, ils ſoutinrent que les enfants avoient
déja un certain droit de propriété aux biens
paternels, du vivant de leurs pères, & qu'il
étoit injuſte de les en priver entièrement.
Cette raiſon étoit elle même contre l'analo-
gie des Loix, qui, bien loin de donner aux
enfants aucun droit ſur les biens de leurs pères vivants, les ravaloient juſqu'à les faire
en-

(*a*) Grot. Flor. Spar. ad L. 2. D. de in off. Teſtam. Byn-
kerſh. Obſerv. L. 2. cap. 12.

envifager comme une partie de ces biens, ainfi
que nous l'avons obfervé plus haut. Si elle eut
été valable, les peres n'auroient pas eu la faculté
de déshériter leurs enfants dans aucun cas, mé-
me lorfqu'ils auroient eu les plus juftes motifs
pour cela. Cependant les Juris-Confultes éta-
bliffoient encore cette raifon fur un jeu de mots,
& ils difoient: l'on dit fils de famille, comme
l'on dit pere de famille; il n'y a qu'un feul figne
fçavoir le mot de pere & de fils, qui diftingue
celui qui engendre, de celui qui eft engendré (a).

Conféquemment à ces raifons, ils n'accordoient point la plainte aux fils émancipés;
car ceux-ci n'étoient que fils, & non point
fils de famille (b); mais ils l'accordoient à
la femme du Teftateur, par la raifon que,
felon eux, elle étoit devenue fa fille de famille, par le mariage, quoiqu'elle ne le fut
point par fa naiffance (c). Cependant la femme avoit fa dot, & le fils émancipé pouvoit
n'avoir pas de quoi fubfifter. La mère n'é-
toit pas obligée d'inftituer fes enfants dans
fon teftament, parcequ'ils n'étoient pas fes
fils de famille (d). Les mêmes Juris-Confultes,
qui

(a) L. 5. D. de Lib. & Pofth.
(b) §. 3. Inftit. de exhered. Lib.
(c) Voyés le Chapitre fur les mariages.
(d) Iuft. Tit. de Patr. poteft. & Tit. de exh. Lib.
Ulpian. Frag. Tit. 26. §. 7.

qui ne permettoient pas aux fils émancipés de fe plaindre, au fujet des teftamens de leurs Pères, leur accordoient pourtant la plainte d'inofficiofité, contre les teftaments de leurs Mères, quoiqu'ils ne fuffent pas leurs fils de famille (*a*).

Les Préteurs trouvèrent enfin cette Jurisprudence abfurde & injufte; mais comme elle faifoit déja une partie du Droit civil, ils ne purent pas s'y oppofer de front. Il ne leur étoit pas permis d'accorder la plainte d'inofficifiofité à ceux que le Droit civil en privoit: mais ils leur donnèrent, en place, une action de leur invention, appellée la poffeffion des biens contre les tables teftamentaires, *poffeffio bonorum contra tabulas teftamenti.* Dès ce temps là, il y eut pour les prétentions & les exhérédations, des actions, des droits, des réglements, & des modifications de différentes efpèces (*b*).

Ces Préteurs, & ces Juris-Confultes ont été long-temps fans pouvoir s'accorder fur l'article le plus important, dans cette matière de l'exhérédation. La queftion étoit de fçavoir, combien un Père devoit laiffer à fes enfants,

pour

(*a*) Pline L. 8. Ep. 1. Valer. Maxim. L. 7. Cap. 7. N. 4.
(*b*) Voy. L. 1. & 3. D. de bon. poffeff. L. 1. 2. & 3. D. de Leg. præft. contr. tab. bonor. poffeff. petits.

pour que ceux-ci ne puſſent pas être regar-
dés comme exclus : car il n'étoit pas naturel
qu'on fit ceſſer la plainte d'inofficioſité, pour
une bagatelle qu'un Père riche auroit laiſſé à
ſon fils. Les procès ſur cette queſtion étoient
ſans nombre, parceque le débordement général des mœurs ne mettoit pas de bornes aux
caprices des pères, ni à la déſobeïſſance des
enfants. On reſta dans cette incertitude, juſqu'au temps d'Auguſte. On fit alors la Loi
Falcidia, qui mettoit des bornes à la manie
des Teſtateurs, qui chargeoient de trop de
legs leurs héritiers. Cette Loi régloit que
l'héritier auroit au moins le quart de l'hérédité, & qu'il pourroit retrancher de chaque
legs, à proportion de ce qu'il falloit pour former ce quart. Les Juris-Conſultes, qui ne rai-
ſonnoient jamais ſur l'eſprit des Loix, s'atta-
chant uniquement aux choſes extérieures,
crurent que la Loi Falcidia pouvoit s'appliquer
aux ſucceſſions des enfants; & dès-lors ils s'ac-
cordèrent à refuſer la plainte d'inofficioſité à
ceux que leurs Pères auroient inſtitués, dans
le quart de leurs biens. Ainſi, ils ne firent
point de différence entre un héritier étranger,
& un fils; entre celui qui n'a aucun droit ſur
les biens du Teſtateur, & celui qui, ſelon
la doctrine des Juris-Conſultes, a un certain
droit

droit de propriété fur ces biens, du vivant même du Père.

Juftinien, le plus ftupide de tous les Légiflateurs, en réformant à fa façon toute la matière de l'exhérédation, a auffi voulu retoucher cet article. D'abord, il augmenta la portion des enfants, en ordonnant que quatre enfants, ou un moindre nombre, auroient le tiers ; & que cinq, ou plus, auroient la moitié des biens de leur Père (*a*). Il crut avoir beaucoup fait, en augmentant ainfi la légitime des enfants. Mais qu'eft-ce qu'un tiers, pour un fils qui n'a donné aucun fujet de plainte à fon Père, & que le Père n'exclut fouvent du refte de fa fucceffion que par caprice, & pour enrichir une maitreffe, ou des Moines? Qu'eft-ce que ce tiers, quand il doit être partagé entre trois ou quatre enfants? Et qu'eft-ce que la moitié, fi elle doit être partagée entre un plus grand nombre? Juftinien s'eft trompé, en prenant, pour bafe de fa Loi, le droit établi par les Juris-Confultes; & les Juris-Confultes fe font trompés à leur tour, en prenant pour fondement de leur doctrine, touchant la Légitime des enfants, ce que la Loi Falcidie avoit réglé par raport aux héritiers furchargés

de

(*a*) Nov. 115.

de legs. C'eſt ainſi qu'une erreur en produit mille autres. C'eſt ainſi que les mauvais Légiſlateurs entaſſent de mauvaiſes Loix, en bâtiſſant ſur le fonds de celles qu'ils devroient entierement abolir. Je paſſe ſous ſilence, que cette Loi de Juſtinien eſt encore fondée ſur un faux calcul; puiſque la légitime des enfants qui ne ſont qu'au nombre de quatre, ſe trouve plus petite que la portion de ceux qui ſont au nombre de cinq: tandis que ſelon les règles de la proportion, celle-là devroit être la plus grande. Je ne parle pas non plus des autres abſurdités, & des inconſéquences, que toute la matière de l'exhérédation renferme. Cela nous meneroit trop loin, & ces échantillons ſuffiſent pour le but que nous nous ſommes propoſé.

Il y a bien d'autres inconvéniens encore, dans la Légiſlation Romaine ſur les Teſtaments. Les plus dangéreux viennent de la différence des Religions, des mœurs, de la façon de penſer, du caractère des nations, du climat, & de la langue. La Religion des Romains impoſoit à chacun le devoir de conſerver à perpétuité les Divinités domeſtiques, & les choſes ſacrées, dans les familles. D'un autre côté, les Romains étoient très portés à gratifier leurs amis dans leurs Teſtaments, ſoit en les inſtituant héritiers, ſoit en leur
fai-

faifant des legs. Les Loix des Pandectes font toutes pleines de ces exemples; & les Historiens fourniffent une infinité de preuves de ce caractère du peuple Romain (*a*). Cornelius Nepos raporte, dans la vie d'Atticus, que ce fameux Epicurien avoit beaucoup augmenté fon patrimoine, par les héritages que lui avoient laiffés fes amis. Ce principe de Religion, & ce caractère du peuple Romain firent naître les fubftitutions directes, & donnèrent lieu à la Loi Falcidia (*b*). Le grand ufage des fubftitutions, & la quantité de chicanes que l'on imagina contre cette Loi, occafionnèrent une multitude infinie de questions, fur l'un & l'autre chef. On n'a qu'à voir le nombre prodigieux des Loix, rangées fous les Titres de ces matières, dans les Pandectes & dans le Code. Les changements furvenus dans la Religion, & dans le caractère des Nations, ont rendus inutiles prèsque toutes ces queftions, avec leurs décifions. Les Prêtres des nouvelles Religions n'obligent pas les particuliers à garder perpétuellement les faints anciens, & leur culte domeftique, dans les fami-

(*a*) Voy. Cicer. de Leg. L. 2. Macrob. Saturn. L. 1. Ch. 6. Gravin. ad. 12. tab. n. 76.

(*b*) Voy. Heinec. antiq. Rom. ad Inft. L. 2. tit. 15.

familles : ils n'ont d'intérêt qu'au service reli-
gieux qui se fait par eux. On ne connoit pas
non plus cette générosité, qui porte à donner
des marques d'attachement à des amis que l'on
doit quitter, & qui par là même deviennent
inutiles. Tout cela étoit déja changé, du tems
de Justinien. Il fit lui même des Loix, propres
à abolir tout usage des substitutions directes,
& de la Loi Falcidia.. Il permit aux Testa-
teurs, de défendre aux hériters surchargés de
legs la détraction de la Falcidie (*a*) ; &
aux Légataires, de recueillir l'hérédité , si
l'héritier s'obstinoit à la refuser (*b*) : ce qui
rend, en quelque façon, les substitutions
inutiles. Cependant, cet Empereur eut l'im-
prudence, malgré ses propres Loix, de lais-
ser la Législation sur les Testaments, dans l'é-
norme embarras où une multitude de Loix,
devenues inutiles, l'ont plongée ; & nous
sommes assés insensés que de nous creuser le
cerveau, pour approfondir ces mêmes Loix ,
& en faire usage dans les barreaux.

Le même Justinien a fait un grand nombre de
Loix, sur la matière testamentaire. Il a prétendu par là corriger, & suppléer le Droit ancien :

c'est

(*a*) Nov. 1. ch. 2.
(*b*) Nov. 1.

c'eſt du moins ce dont il ſe vante à tout moment. Mais en réformant quelques chefs de ce Droit, il en a conſervé pluſieurs autres ; ce qui rend l'enſemble inconſéquent, & même contradictoire. On en a déja vu des exemples, auxquels j'en ajouterai d'autres, qui ne ſont pas moins remarquables. Cet Empereur, eſclave de ſa femme Theodora, fit tout ce qu'il put pour favoriſer les femmes. Dans les Loix ſur les ſucceſſions, il les égale en tout aux hommes. Il ſe vantoit de reparer par là les torts que les anciens avoient fait aux femmes ; & de venger les inſultes, qu'ils avoient fait à la nature, à qui ils ſembloient reprocher d'avoir produit des femelles (*a*). Cependant ce même Légiſlateur, ſi zêlé pour les femmes, laiſſa inſérer dans les Pandectes une Loi, qui eſt non ſeulement oppoſée à l'eſprit de ſes Loix, mais encore à toute équité. C'eſt une déciſion d'Ulpien, ſur un éffet de la ſubſtitution pupillaire. Ce Juris-Conſulte prétend, que celui que le père a ſubſtitué pupillairement à ſon fils impubère, doit ſuccéder au père & au fils, dans tous les biens de l'un & de l'autre, au cas que ce dernier vienne à mourir avant l'age de quatorze ans ; & il va

mê-

(*a*) Voy. nov. 118.

même, jufqu'à exclure la mère de l'enfant mort du droit de prétendre à la Légitime (a). La raifon, fur laquelle Ulpien fonde fa décifion, eft une de ces fubtilités frivoles, fi communes aux anciens Juris-confultes: car il dit que la mère ne peut rien prétendre, parceque le Teftament ayant été fait par le père, en faveur du fils impubère, le fubftitué eft cenfé fuccéder, non au fils, mais au père, dans les biens duquel la mère n'a aucun droit de prétendre la Légitime: comme fi l'autorité, qu'a le père de faire un teftament pour fon fils impubère, renfermoit le droit de le faire tel que le feroit un ennemi de la mère de cet enfant: comme fi le père, teftant pour fon fils, pouvoit faire une difpofition qui, en la perfonne de celui-ci, auroit été inhumaine, & contre les Loix, s'il avoit pu tefter! Cette raifon eft fi abfurde, que le même Ulpien foutient, un moment après, précifément le contraire; car dans le paragraphe fuivant, il propofe la queftion, fi le frère du père, qui a fubftitué pupillairement fon fils impubère, c'eft-à-dire, l'oncle de l'enfant, a droit de prétendre la Légitime fur les biens, dont l'impubère a hérité de

fon

___

(a) L. & §. 5. D. de in off. Teftam.

ſon Père : & il répond que non, parceque, dit-il, le Teſtament eſt cenſé être du fils, pour qui il a été fait, & non du père, qui l'a fait. Comment cet impertinent jeu de mots du Juris-conſulte Ulpien s'accorde-t-il avec les Loix de Juſtinien, ſi favorables aux femmes en général, & aux mères en particulier, dans la matière des ſucceſſions ? (*a*).

Ce même Empereur a imaginé une nouvelle eſpèce de ſubſtitution, dont il a pris le modèle dans la ſubſtitution pupillaire, & qui, pour cette raiſon, eſt appellée la ſubſtitution *exemplaire*. Selon ſes loix, ceux qui ont des enfants tombés en démence, peuvent teſter pour eux ; & leur ſubſtituer, au cas qu'ils meurent dans cet état, quand même ils ſe trouveroient en âge de teſter eux mêmes, ſi l'imbecillité de leur eſprit ne les en empêchoit (*b*). Il a cependant chargé les parents, dans ce cas, de faire les Teſtaments, comme l'équité l'exige, & comme il eſt probable que les enfants les feroient eux mêmes, s'ils étoient en état de teſter. C'eſt pour cela qu'il a ordonné, dans le même temps, que ſi ces perſonnes en démence avoient des enfants,

on

(*a*) Voy. n. 118.
(*b*) L. 9. C. de Impub. & alio'r. ſubſt.

on devoit les fubftituer avant toute autre perfonne ; & que s'ils avoient feulement
des frères, on les préféreroit à d'autres. La
précaution, qu'il a eu ici de mettre des
bornes aux Pères & aux Mères, pourqu'ils
ne puffent pas tefterà la place de leurs enfants imbécilles, au préjudice de leurs plus
proches héritiers, auroit du l'engager à faire
la même réforme dans la fubftitution pupillaire ; & à ne pas laiffer, dans le modèle, les
vices qu'il venoit d'éviter dans la copie. Cette raifon étoit d'autant plus preffante que, de
fon temps, l'autorité paternelle avoit déja
perdu toute la puiffance, qui pouvoit encore
juftifier, en quelque façon, l'ancienne rigueur.
Je m'abftiens de rapporter ici plufieurs autres
exemples d'inconféquences pareilles. Le
feul article de la fubftitution pourroit m'en
fournir plufieurs ; mais j'ennuïerois inutilement mes lecteurs, puisqu'il ne s'agit pas
ici d'entrer dans l'examen de chaque Loi en
particulier, mais feulement de confidérer la
Législation en général.

La bafe de toute cette Législation bizarre,
découfue, inconféquente, eft fondée fur ces
formules, ces fubtilités, ces jeux de mots,
& ces abfurdités, dout nous avons parlé jufqu'ici. Il y a plus de trois mille Loix concernant

cernant les Teſtaments, dans les Pandeĉtes &
dans le Code, montées ſur ces reſſorts: encore la plus grande partie de ces Loix ne
roule-t-elle que ſur l'interprétation de la volonté des Teſtateurs. Or il eſt notoire que
les hommes d'un ſiécle ne penſent pas comme ceux d'un autre, ni les hommes du Midi,
comme ceux du Nord. Ceux qui vivent
dans des Religions différentes, & ſous différens Gouvernemens, n'ont pas la même
façon de penſer que ceux qui ſont réunis
ſous l'étendart de la même Religion, & qui
ont les mêmes Loix politiques. Cependant,
c'eſt dans ce labirinthe de Loix, compoſées,
depuis bien des ſiécles, pour des hommes tout
autres que nous, & ſur des principes ima i-
naires & abſurdes, que les Doĉteurs mode -
nes, les Juges, & les Princes ont puiſé, &
puiſent encore leur Doĉtrine, leurs ſentences, & leurs Ordonnances ſur les Teſtaments: car les réformes mêmes, que l'on y
a faites, ſentent beaucoup plus le Droit Romain que la raiſon.

CHAPITRE IX.

Des Fidei-Commis.

ON appelle *Fidei-Commis*, une difpofition où le Teftateur a chargé fon héritier teftamentaire ou légitime de rendre l'hérédité à un autre, foit peu de temps après que l'héritier l'aura recueillie, foit après un certain terme feulement, foit après l'évenement de telle condition que le défunt y a ajoutée. Si quelcun, par exemple, dans fon Teftament ou fon Codicile, fubftitue un autre à fon héritier, en cas que celui-ci vienne à mourir fans enfants quelconques, ou fans enfants mâles, il fait un Fidei-Commis ; parcequ'il charge l'héritier de rendre, après fa mort, l'hérédité à un autre, qui eft le Fidei-Commiffaire. Il y a cent façons différentes de faire des Fidei-Commis, attendù que cela dépend de la manière dont il plait aux Teftateurs de s'exprimer, & du but qu'ils fe propofent: ainfi les Majorats, les Primogénitures, & les Secundogénitures ne font que des efpèces différentes, qui font toutes comprifes fous le nom général de Fidei-Commis.

Avant

Avant le règne d'Augufte, les Fidei-Commis n'étoient pas obligatoires chez les Romains. Cependant on ne laiffoit pas d'en faire ufage, foit parceque les Citoyens, fe trouvant fouvent abfents de Rome, n'étoient pas en état d'obferver les formalités requifes pour tefter; foit parcequ'ils vouloient faire paffer leurs biens à des perfonnes qu'ils ne pouvoient pas inftituer héritières dans leurs Teftaments (*a*). Ils prioient, dans ce cas, leurs héritiers de rendre l'hérédité, après qu'ils l'auroient receuillie, à la perfonne qu'ils leur nommoient: mais les héritiers étoient les maîtres d'exécuter la volonté du défunt, ou de garder les biens pour eux. Comme, du tems d'Augufte, il y avoit une infinité de Romains répandus dans les différentes Provinces de l'Empire, cette confidération le porta à ftatuer, que les héritiers feroient déformais obligés d'exécuter ce que les défunts leur auroient préfcrit par une fimple lettre, ou de vive voix, fans aucune autre formalité (*b*). Cette nouvelle Loi n'autori-

(*a*) Voy. Heinec. Antiq. Rom. ad. Inftit. L. 2, Tit. 23.

(*b*) Voy. les Princip. Inft. des Tittes de Codic. & de Fidei-C. Heredit. Heinec. Antiq. Rom. aux mêmes Tittres. Boehmer diff. de Codic.

D 3

toriſoit pourtant pas les Citoyens à ſe ſervir de Fidei-Commis, pour faire parvenir leurs biens à des perſonnes incapables de ſuccéder; elle facilitoit ſeulement les moyens de diſpoſer de leurs héritages, à ceux qui n'avoient pas la commodité de faire des Teſtaments, ou de les changer après en avoir fait: voilà l'origine des Fidei-Commis. Après cela, on commença à s'en ſervir, pour honorer les uns du nom d'héritiers, en faiſant paſſer en même temps ſes biens à d'autres. Il étoit dans le caractère des Romains, de ſe croire honorés par le ſeul acte de politeſſe du Teſtateur, qui les inſtituoit héritiers, quoique cette inſtitution ne leur procurât aucun avantage; ils regardoient ce ſimple ſouvenir, comme une marque d'eſtime & d'amitié: cela tenoit à leurs mœurs, à leur Religion, à leurs Loix. L'héritier, ſuccédant au défunt, entroit dans ſes droits; il occupoit ſa place à l'égard des choſes ſacrées, des Divinités domeſtiques, des Autels, des Chapelles; il prenoit poſſeſſion des biens, & le Fidei-Commiſſaire ne pouvoit les recevoir que de lui (*a*).

Les

(*a*) §. 3. Inſt. de Fidei-C. her. L. 88. D. de hered. Inſt. Heinec. Antiq. Rom. ad Inſt. L. 2. Tit. 10. & ſeq.

Les motifs, qui portent les Teftateurs modernes à faire des Fidei-Commis, font tout à fait différents de ceux qu'avoient les anciens Romains. Nous n'avons cependant, fur cette matière, prèfque point d'autres Loix que les leurs. Le motif le plus ordinaire, & prèfque l'unique chés nous, eft celui de faire paffer nos biens à notre poftérité, & de les conferver perpétuellement dans la famille. C'étoit là le but le moins connu des Romains. Quand ils avoient quelque chofe de pareil en vuë, ils fe contentoient de borner le Fidei-Commis à un bien particulier, comme à une terre, à une maifon, qu'ils avoient pris en affection, & qu'ils n'auroient pas vu volontiers fortir de la famille; rarement étendoient-ils le Fidei-Commis à tous les biens : encore cela ne commença-t-il à fe pratiquer que bien tard. On n'a qu'à parcourir les Loix, fur les Fidei-Commis, renfermées dans les Pandectes & dans le Code, pour fe convaincre de ce que je viens de dire.

Il auroit fallu que les Romains fuffent auffi ftupides que nous, pour croire qu'un Fidei-Commis univerfel peut avoir fon éffet. Ces fortes de Fidei-Commis font fujets à des déductions, & à des divifions continuelles. On commence par les fraix funéraires: vient en-

fuite

fuite la quarte Trébellianique, & le plus fouvent la légitime, qui emportent toujours la
moitié, & s'il y a plus de quatre fils, fept
parts & demi de douze. Puis fuivent les
dotes, les douaires, les fraix faits pour la
confervation des biens, pour les améliora-
tions, pour les procès, qui ne manquent jamais dans ces occafions, & qui abforbent ordinairement la plus grande partie des biens.
Après cela, les premiers déscendans ont des enfants ; & ceux-ci, encore d'autres ; les branches
fe multiplient : il faut en venir à un partage :
& à la fin le Fidei-Commis eft divifé en tant
de parcelles, qu'il n'eft plus reconnoiffable,
quelques grands que fuffent les biens qu'il
comprenoit au commencement. D'où il reful-
te que, fi les défcendans du Teftateur font
heureux & induftrieux, les biens du Fidei-
Commis, dont on a été obligé de faire tant
de partages, & tant de détractions, ne peuvent plus être diftingués de ceux avec lesquels ils font confondus ; & que, s'ils ont été
trop pareffeux ou trop malheureux pour
n'avoir pu fe procurer d'autres biens, il
faut que le Magiftrat leur permette de vendre peu-à-peu ceux qu'ils ont recueilli
du Fidei-Commis, pour qu'ils ayent les
moyens de fubfifter & de trainer leur mifère.

C'eft

C'eſt là en éffet le fort ordinaire des poſſeſſeurs des biens Fidei-Commiſſaires. La pareſſe & le luxe s'établiſſent dans ces familles, pendant que les biens ſont encore unis : la mauvaiſe éducation fait paſſer les mêmes vices aux déſcendans, chés lesquels les biens commencent à ſe partager : de ces fainéans naiſſent d'autres fainéans : & de nouveaux partages font monter chés eux la miſère à ſon comble. Tout Etat bien réglé a l'intérêt le plus preſſant d'abolir ce déteſtable uſage, s'il y eſt établi. Une autre conſidération confirme mon ſentiment, c'eſt que les Fidei-Commis ſont un des plus grands obſtacles à l'induſtrie. Il y a tel Gentilhomme qui, avec des talens propres à faire le bonheur de ſa famille, & à ſervir utilement l'Etat, eſt obligé de périr dans la miſère, parcequ'il manque de l'argent néceſſaire pour former un fond à ſon induſtrie, & qu'il ne poſſède que des biens Fidei - Commiſſaires, qu'on lui défend d'aliéner.

Ce que j'ai dit au ſujet des Fidei - Commis, ne regarde pas les Majorats & les Primogénitures. Ceux-ci peuvent en quelques lieux tourner au profit des familles, & même de l'Etat. Cela dépend de bien des circonſtances où ſe trouve un païs, du caractère des habi-

tans

tans, de la qualité du fol, de la conftitution du Gouvernement, & d'autres chofes femblables. Je crois que les Fidei-Commis font nuifibles partout; mais que les Majorats & les Primogénitures peuvent être utiles dans les Monarchies, & les Ariftocraties, quand on en reftreint l'ufage, en ne le permettant qu'à la Nobleffe des premieres claffes : car pour les Gentils-Hommes d'un Ordre Inférieur, & les Roturiers, les biens, qu'ils poffèdent à ces titres, ne fervent qu'à les ruiner à la longue, & à étouffer en eux les talents pour l'induftrie.

CHAPITRE X.

Des fucceffions ab inteftat.

LA Légiflation fur les fucceffions légitimes, ou *ab inteftat*, a varié prodigieufement chez les Romains, fuivant les diverfes circonftances des temps, & l'humeur différente des Légiflateurs : je dis l'humeur, parceque la prudence n'y a prefque point eu de part. Les Decemvirs, les Patriciens, les Préteurs, les Jurifconfultes, le Peuple, le Sénat, les premiers Empereurs, & les derniers,

niers, & Juſtinien après eux, tous ont voulu y mettre du leur, l'un après l'autre, & chacun à ſa manière.

Les Loix des douze Tables avoient ſtatué, que les biens de ceux qui mourroient ſans Teſtament, paſſeroient à leurs deſcendans; au défaut de deſcendans, aux Agnats; & au défaut de ceux-ci, à ceux qui, ſans être de la même branche, feroient de la même famille : on appelloit ces derniers *Gentiles* (*a*). On voit que l'eſprit de ces Loix étoit de fixer les biens dans les familles, & que la conſervation des familles étoit le but de ces règlemens. M. de Montesquieu ſuppoſe un autre eſprit à ces mêmes Loix. Il croit qu'elles dérivoient du partage égal des terres, que Romulus avoit fait entre les Citoyens de ſon petit Etat, que Numa avoit continué, & qui avoit été renouvellé par Servius Tullius (*b*): il ſe trompe aſſurément. Du tems des Decemvirs, l'eſprit de l'égalité des biens entre les Citoyens s'étoit déja perdu, & ils ne firent pas le moindre éffort pour le rétablir: au

con-

(*a*) L. 9. §. 2. D. de Lib. & Poſth. Ulpian. fragm. tit. 26. §. 1. & tit. 25. §. 1. voy. Gothof. LL. 12. Tab. Tab. 5.

(*b*) Eſprit des Loix L. 27.

contraire, ils firent des Loix directement oppofées à cet efprit. Ils donnèrent à tout Citoyen une liberté illimitée de tefter à fa fantaifie. S'ils avoient eu quelques égards pour
l'égalité, n'auroient-ils pas reitreint cette liberté, du moins dans ceux qui avoient des
enfants? Dans les fucceffions ab inteftat, ils appellèrent à la fucceffion du Père les enfants
qui, au temps de fa mort, étoient fous fa
puiffance, & ils en exclurent entièrement
les émancipés (*a*) : l'auroient-ils fait, s'ils
avoient eu en vuë d'établir l'égalité des biens?
Ils ftatuèrent que les filles fuccederoient à
leur père, auffi bien que les fils(*b*). Cette fucceffion faifoit leur dôt, & quand elles fe ma-
rioient, elles joignoient ces biens à ceux d'une
autre famille : car M. de Montefquieu fe trompe encore, quand il dit que, quoiqu'une fille héritière fe mariât, les biens rentroient toujours
dans la famille, dont ils étoient fortis. Il eft
au contraire inconteftable qu'ils demeuroient
ordinairement dans la famille, où ils étoient
entrés: nous l'avons fait voir dans le Chapitre fur les mariages, & perfonne ne l'a jamais
re-

(*a*) Paullus. Rec. Sentent. L. 4. tit. 8. §. 12. Schulting. ibid.

(*b*) Ulpian. Paullus, Schulting loco cit.

révoqué en doute. Or ces dôts détruisent l'égalité. Enfin, tout combat le fentiment de ce grand homme, l'hiftoire auffi bien que la Jurifprudence.

Nous avons eu fouvent occafion de parler des fubtilités abfurdes & iniques, que les Juris-confultes mettoient en œuvre dans l'interprétation des Loix. Comme la pluspart des Loix, renfermées dans notre Code de Droit Romain, viennent de ces Jurifconfultes, il eft important de relever partout la mauvaife méthode qu'ils ont fuivie. Leurs interprétations fur les Loix des fucceffions légitimes nous en fourniffent autant d'exemples, que celles qu'ils ont donuées fur toutes les autres Loix: nous en choifirons un, qui prouve évidemment combien ils fe jouoient de l'humanité, dans leurs décifions. Il eft naturel que dans les fucceffions ab inteftat, le plus proche parent foit préféré au plus éloigné : c'eft auffi ce que les Décemvirs ont établi (c). Mais par qui l'hérédité doit elle être recueillie, quand le plus proche Agnat y renonce, ou qu'il eft mort, avant de l'avoir acceptée? Les Juris-confultes, qui ont vécu fous des Empereurs

(a) *Agnatus proximus* familiam habeto. voy. Lit. A & D.

reurs avides, ont décidé qu'en ce cas, les biens du défunt étoient dévolus au Fifc (a): voici la raifon fur laquelle cette décifion barbare eft fondée. La Loi des douze Tables, difoient-ils, appelle à la fucceffion l'Agnat le plus proche: donc l'Agnat, plus éloigné, ne peut pas y prétendre, quand même le plus proche feroit décédé, après celui de la fucceffion duquel il s'agit; parcequ'au temps de fa mort, l'Agnat plus éloigné n'étoit pas le plus proche, ni par conféquent celui que la Loi appelloit à la fucceffion. Ces biens appartiennent donc au Fifc, parceque le Fifc a droit de s'emparer de tous les biens vacans. Ainfi, un jeu de mots, une fubtilité affreufe, fuffifoit pour défoler une famille, & la priver d'un bien qui lui appartenoit de droit naturel.

Si on veut approfondir un peu plus les abfurdités, les incohérences, & les inconféquences qu'ont produites, dans le Droit civil, ces fubtilités des Juris-confultes, il faut fe donner la peine d'examiner, d'un bout à l'autre, la Lé-

---

(a) Caii Inft. L. 2. tit. 8. §. 4. Schulting ibi. Paullus Recept. fenten. L. 4. tit. 8. §. 5. Ulpian. Fragm. tit. 25. §. 6. Fabrot ad Theoph. §. 7. de Leg. Agn. Rec.

Législation sur les successions des femmes.
Tout y est décousu, tout y est inconséquent.
Les principes, & les conséquences se combat-
tent réciproquement: les principes eux mêmes forment un contraste absurde, qui les oppose les uns autres. Je pourrois démontrer
que tout cela vient de ce principe établi par
les premiers Juris-consultes, que les filles &
les femmes devoient succéder aux pères &
aux maris, aussi bien que les fils, parcequ'elles étoient sous la puissance du père & du
mari, comme ces derniers (*a*). On a voulu dans la suite réformer quelques conséquences qui résultoient de ce principe; on a voulu réformer le principe même; on a fait des
réformes sur des réformes, & tout cela a
produit un cahos.

M. de Montesquieu est dans l'opinion, que
la Loi Voconiène avoit exclu les femmes
de la succession de leurs parens, & qu'elle
corrigeoit par là celle des douze Tables, qui
pourtant n'ont appellé expressément nulle
part les femmes à ces sortes de successions.
Selon lui, la Loi Voconiène étoit déja prèsque anéantie, lorsqu'on commença à admet-
tre

(*a*) Voy. ce que j'en ai dit dans le Chapitre sur les
mariages.

tre, à la fucceffion de leurs frères, les fœurs du côté paternel, tandis que les parents d'un dégré plus éloigné demeurèrent fous la prohibition de la Loi Voconiène (*a*). Il fe trompe en tout ce qu'il dit fur la Loi Voconiène, quoiqu'il eut promis de l'éclaircir. D'abord, cette Loi ne regardoit que les Teftaments: elle n'avoit point touché aux fucceffions ab inteftat. Tite Live (*b*) dit expreffément, que Q. Voconius Saxa fit une Loi, qui ftatuoit que perfonne ne pourroit inftituer une femme héritière. Cicéron & Aulugelle en parlent aufli d'une façon qui fait fentir que cette Loi ne s'étendoit pas aux fucceflions ab inteftat (*c*). Les femmes continuèrent donc à fuccéder à leurs parents, non-obftant la Loi Voconiène. Mais les Juris-confultes qui vinrent après, introduifirent peu-à-peu l'ufage d'exclure également les femmes de la fucceflion légitime, à l'exception cependant des fœurs du côté paternel, qu'ils laiffèrent fuccéder, comme auparavant, à leurs frères, fans

(*a*) Efprit des Loix. L. 27.

(*b*) Epitom. du Liv. 41. Q. Voconius Saxa Trib. Pleb. Legem tulit, ne quis heredem mulierem inftitueret.

(*c*) Cic. Verr. 1. C. 43. Aulugell. L. 17. c. 6, & L. 20. c. 1.

fans la moindre aparence de raifon (*a*).

M. de Montefquieu a fait tout fon poffible, pour donner un air de fyftême à cette branche de la Légiflation Romaine, qui n'en a point. Il dit dans le même Chapître : „ Lorf„ que le pere n'inftituoit, ni exhérédoit fon „ fils, le Teftament étoit rompu : mais il étoit „ valable, quoiqu'il n'inftituât ni exhérédât fa „ fille. J'en vois la raifon : quand il n'inftituoit, „ ni exhérédoit fon fils, il faifoit tort à fon pe„ tit fils, qui auroit fuccédé ab inteftat à fon pe„ re. Mais en n'inftituant, ni exhérédant fa „ fille, il ne faifoit aucun tort aux enfants de fa „ fille, qui n'auroient point fuccedé ab inteftat „ à leur mére, parcequ'ils n'étoient pas héri„ tiers fiens ni Agnats ". Ce raifonnement eft d'abord trop vague : on ne fçait pas de quel tems l'Auteur prétend parler. Se rapporte-t-il au tems, & aux Loix des douze Tables ? Ces Loix n'obligent pas plus à inftituer les mâles que les fémelles. Alors, & même long-tems après, c'eft-à-dire encore du tems de Cicéron, le père pouvoit ne faire aucune mention des uns ni des autres, fans que ce filence nuifit à la validité de fon

Tef,

(*d*) Jul. Paullus Recep. fent. L. 4. tit. 8. §. 5. Ulpian. Fragm. tit. 25. §. 6. Schulting. ibi.

Teſtament (*a*). Veut-il parler du droit, qui s'eſt
formé des interprétations & des déciſions
des Juris-conſultes? Ceux-ci ont, à la vérité,
introduit l'uſage, que le père fut obligé d'inſtituer ou d'exhéréder ſes enfants; mais ils
établirent dans le même temps que, ſi le père
oublioit de faire mention de ſa fille dans ſon
Teſlament, elle ſuccéderoit avec les héritiers
ſiens, à portions égales, & avec les étrangers, dans la moitié (*b*). D'ailleurs, ſi le Teſtament, où le père n'avoit ni inſtitué ni exhé-
rédé ſon fils, devoit être rompu, parceque
dans ce cas le Teſtateur faiſoit tort à ſon petit fils, il s'enſuivroit que le Teſtament, où
le père auroit paſſé ſous ſilence ſon fils émancipé, eut dû être rompu également, par la même raiſon que, dans ce cas, le Teſtateur feroit
tort à ſon petit fils. Cependant, il eſt conſtant
que ce Teſtament ſubſiſtoit, tant ſelon les
Loix des douze Tables, que ſuivant le droit
introduit par les Juriſconſultes (*c*). Les
Préteurs donnoient, à la vérité, la poſſeſſion
des biens au fils émancipé, contre le Teſtament

(*a*) L. 11. D. de lib. & poſt. Cicero de orat. L. 1.
Cap. 38.

(*b*) Pr. Inſt. de exhered. Lib. L. 30. D. de Lib. &
poſt. Ulpian. fragm. tit. 22. §. 17. Schulting. ibi.

(*c*) §. 3. Inſt. de Lib. Exher.

ment de fon père, qui l'y avoit paffé fous filence; mais les Prêteurs donnoient auffi la même action à la fille, contre le Teftament du père, qui ne l'avoit ni inftituée ni exhérédée (a).

M. De Montesquieu, entraîné toujours
par le principe de vouloir découvrir du fyftême dans une Légiflation, qui en manque entièrement, donna dans une autre erreur. Il
crut que, felon le Droit ancien, les enfants ne
fuccédoient jamais à la mère. Ils n'y fuccédoient pas, il eft vrai, fi elle venoit à mourir, avant le mari; car la fucceffion appartenoit ordinairement à celui ci; comme nous
l'avons remarqué dans le Chapitre fur les
mariages: mais fi elle mouroit après le mari, les enfants lui fuccédoient infailliblement.
Ils lui fuccédoient, non pas comme héritiers
fiens, puisqu'elle ne les avoit pas fous fa
puiffance, mais comme Agnats; parceque
par la *Confarréation*, par la *Coemtion*,
ou par *l'ufucapion*, qui étoient dans ces
temps là les manières les plus ufitées de contracter les mariages, la femme paffoit fous la
puiffance du mari; devenoit comme fa fille,
& par conféquent la fœur de fes propres enfants

(a) §. 3. Inft. de Lib. Exhered L. 6. & 7. D. de bon,
poffeff. cont. tab.

fants (*a*). D'après ces principes, les enfants fuccédoient, non feulement à leur mère, mais encore à leur belle mère, en cas qu'elles vinffent à mourir après le mari (*b*).

M. de Montesquieu dit encore que, *lorfque la Monarchie s'établit à Rome, tout le fyftême fut changé fur les fucceffions: les Préteurs appellerent leurs parens par femmes, au défaut des parens par mâles; au lieu que, par les anciennes Loix, les parens par femmes n'étoient jamais appellés.* Ce langage fuppofe que ces Edits des Préteurs, fur les fucceffions des parens par femmes, n'étoient pas encore connus du temps de la République : c'eft précifément tout le contraire. Les Préteurs avoient publié ces Edits, long-temps avant l'établiffement de la Monarchie, & ils n'en ont fait aucun après fa fondation. Depuis cette époque, ils n'en firent plus; parceque les Empereurs s'étoient appropriés toutes les branches

(*a*) Uxor quoque, quæ in manu ejus mariti eft, ei fua heres eft · qùïa filiæ loco eft: item nurus, quæ in filii manu eft, nam & hæc neptis loco eft . . . . fororis autem nobis loco eft etiam mater, aut noverca, quæ per in manum conventionem apud patrem noftrum jus filiæ confequuta eft. Collat. Mos. atque Rom. Leg. tit. 16. voyés Schulting ibi. Noodt probab. L. 2. Cap. 9.

(*b*) Voy. la lettre précédente.

ches de la Légiſlation. Les dernieres Loix, que nous avons dans le corps du Droit Romain, ſur les ſucceſſions légitimes, ſont de Juſtinien. Cet Empereur ôta juſqu'au moindre veſtige du Droit ancien ; il établit trois ordres d'héritiers, les deſcendans, les aſcendans, & les collatéraux, ſans aucune diſtinction entre les mâles & les femelles, entre les parens par femmes, & les parents par mâles ; & il abrogea toutes celles qui reſtoient à cet égard. Il crut ſuivre la nature, en s'écartant de ce qu'il appelloit les embarras de l'ancienne Juris-Prudence : cependant prèſque toutes les Nations modernes ont fait des changements, dans ces Loix de Juſtinien. Elles ont été obligées de les faire, parce que leurs coutumes, l'eſprit de leurs Gouvernements, l'intérêt des Etats, & celui des particuliers l'exigeoient. Auſſi la raiſon, qui détermina Juſtinien à égaler, dans les ſucceſſions, les femmes aux hommes, n'eſt-elle digne que de ſa foibleſſe. Il dit, qu'il ne fait pas de diſtinction entre les mâles & les femelles dans les ſucceſſions, parcequ'une telle diſtinction ſeroit une eſpèce de reproche, fait à la nature, de ce qu'elle a produit des femelles, au lieu de ne former que des mâles (a).

(a) Voy. nov. 118.

CHA-

CHAPITRE XI.

De la Raifon naturelle.

IL eft des Loix, où le Légiflateur ne doit avoir aucun égard aux circonftances du païs, ou du Peuple pour qui elles fe font; où il ne doit prendre pour guide que la feule raifon naturelle, & ne fuivre d'autres règles que celles de la plus exacte fimplicité. Telles font les Loix, qui concernent les moyens d'acquérir la poffeffion, & la propriété des chofes; celles qui ont pour objet les fervitudes des héritages, & une grande partie de celles qui règlent les contracts.

On ne voit qu'abfurdités dans les Titres du Code de Juftinien, qui fe rapportent à ces matières : je l'ai fait voir au fujet des Loix fur les contracts. Je ne pourrois, fans un travail auffi ennuyeux que long, relever toutes les abfurdités répandues dans les Loix, fur les moyens d'acquérir la poffeffion & la propriété des chofes, & fur les fervitudes des héritages.

N'eft-ce pas d'abord une abfurdité révoltante, qu'il y ait plus de mille Loix, fur chacune de ces matières? Et que contiennent

ces

ces Loix ? Des subtilités, des jeux de mots, des inepties, & prèsque rien de plus. Sans cela, comment les Loix, sur ces sujets, auroient elles été si nombreuses? La Raison est une; mais les sottises des hommes sont sans nombre.

Voici jusqu'à quel point les anciens Juris-Consultes portoient l'absurdité. Si un Peintre avoit fait, par malice ou par ignorance, un Tableau, sur de la toile qui ne lui appartenoit pas, la plûpart de ces Légistes décidoient que ce Tableau, quelque excellent qu'il fut, devoit céder à la toile, dont la peinture n'étoit que l'accessoire; & que la peinture appartenoit au propriétaire de la toile, sans qu'il fût obligé d'en payer le prix au Peintre, parce que le premier étoit le maître de la matière, sur laquelle on avoit travaillé (*a*). De même, si quelcun écrit sur du papier qui appartient à un autre, selon ces Juris-Consultes, l'écriture, quelque importante & secrète qu'elle puisse être, doit céder au papier, parce que celui-ci est le principal, & que l'autre n'en est que l'accessoire (*b*). L'Empereur Justinien a réformé en

par-

(*a*) L. 23. D. de Rer. vind.
(*b*) Inst. §. 33. de Rer. Divis.

partie la première décifion, par une diftinction qui la modère, mais qui ne la lève pas entiè-ment: il a laiffé fubfifter toute l'abfurdité de la feconde décifion. Il a fenti qu'il feroit ridi-cule, qu'un Tableau d'Apelles, ou de Parrha-fius, dût céder à une chétive toile. Mais il n'a pas fenti qu'il étoit plus ridicule encore, & fouvent très dangéreux, qu'une affaire de cabinet, un négoce de conféquence, un compte important, duffent être livrés entre les mains d'un tiers; & que celui-ci en devint le propriétaire, parce que le papier, fur le-quel on à écrit toutes ces chofes, lui appar-tient. Prèfque tous les Titres, de *acquirendo rerum dominio*, de *acquirendâ vel amittendâ poſſeſſione*, dans le Digefte, de *rerum divifio-ne*, dans les Infituts, prèfque tous ces Titres, dis-je, font remplis de pareilles futilités.

Je ne parlerai pas ici des fervitudes. Pour faire comprendre, à ceux qui ne font pas ini-tiés dans les myftères du Droit Romain, ce que je voudrois en dire, je ferois obligé de trai-ter bien des chofes qui m'éloigneroient de mon fujet. Mr. Noodt, univerfellement re-connu pour le plus favant & le plus Judi-cieux des Auteurs qui, dans ces derniers tems, ont écrit fur les Loix Romaines, dé-montre, que les anciens Juris-Confultes ont

cu

eu, dans la matière des fervitudes, des principes de pure fubtilité, également oppofés au bon
fens & à la faine raifon ; (*a*) que, quelques-uns
d'entre eux, choqués de l'abfurdité de ces principes, les ont enfin abandonnés, mais fans aucun fuccès, le parti contraire ayant toujours
prévalu contre ces féntimens nouveaux. Les
Compilateurs du Digefte ont pris leurs Loix indifféremment, & de ceux qui étoient attachés
aux anciens principes, & deceux qui fuivoient
les opinions nouvelles: d'où il eft réfulté, dans
la matière des fervitudes, comme dans toutes
les autres, des inconféquences fans nombre,
que les feules lumières de la raifon font affés
connoître, & qui, par une fuite néceffaire,
ont enfanté & enfantent, tous les jours, des
difputes, des procès, & des fenteuces con-
tradiétoires dans les tribunaux.

Les Loix des douze Tables n'ont rien ftatué
fur ces matières, fi nous devons en juger par
les fragmens qui nous en reftent, & par le filence des Juris Confultes: on ne peut qu'applau-
dir à la conduite des Décemvirs à cet égard.
De quelle utilité peuvent être des Loix fur
des matières, à l'égard desquelles les Juges
ne fauroient concevoir le moindre doute fur

le

<hr>

(*a*) Noodt dans plufieurs Chapitres de fes probabil. Jur.

le droit ou le tort des plaideurs ; & où ils ne fauroient même avoir la reffource de feindre de méconnoitre de quel côté doit pencher la balance, à moins de vouloir fe charger du mépris de leurs fupérieurs & de leurs inférieurs, qui regarderoient comme un chofe révoltante, dans des Juges de profeffion, de ne favoir pas diftinguer une lumière, qui eft aperçuë de tout le monde ? En prétendant régler ces objets par des Loix, le Légiflateur ne fait que les embrouiller, & les couvrir d'un voile, impénétrable aux rayons de la plus vive lumière. Enfin, ces Loix font une fource intariffable de difputes, de procès, & de chicanes. Comme les paroles font toujours moins claires que les idées fournies par la raifon naturelle, les chicaneurs s'attachent aux expreffions du Légiflateur, pour trouver de quoi juftifier des prétentions, que la raifon défapprouve. Par exemple, s'il n'y avoit pas de Loix, fur les fervitudes des héritages, on ne difputeroit pas, s'il peut y avoir de fervitude, là où il n'y a pas continuité de caufe ; s'il eft contre la nature des fervitudes, d'obliger le maître de l'héritage, qui en doit une, à faire quelque chofe en faveur de celui à qui elle eft duë ; fi une fervitude peut être conftituée, non feulement pour rendre l'héritage

plus

plus utile à fon maître, mais encore plus délicieux. Si l'on agite à préfent ces queftions, & s'il en naît fi fouvent des procès, il faut l'attribuer aux Loix, qui ont déclaré que la caufe des fervitudes doit être perpétuelle de fa nature; que les fervitudes s'impofent, pour l'utilité des héritages; qu'elles font attachées à ceux-ci, & non à leurs maîtres. Sans ces Loix, on fuivroit fimplement les accords & la volonté des Teftateurs: on ne s'aviferoit jamais de former de pareils doutes.

Il eft d'autres Loix, où la raifon naturelle n'eft point écoutée; où elle eft même choquée; & qui ne laiffent pas, pour cela, d'être bonnes. C'eft alors un facrifice, fait au bien public: telle eft la Loi, qui établit la Préscription. Cette loi fixe un tems, après lequel, celui qui poffède un bien qui ne lui appartient pas, en acquiert la propriété, fans qu'il puiffe être inquiété à ce fujet, quoiqu'il n'ait d'autre titre que cette poffeffion, pendant tout le temps préscrit par la Loi. En la faifant, on s'eft propofé de prévenir les troubles & les conteftations parmi les particuliers, de mettre un frein à l'impudence des chicaneurs, & d'exciter la vigilance des propriétaires, dont la négligence fourniffoit fouvent à d'autres l'occafion de
s'em

s'emparer de leurs biens, & de les garder
long-temps à leur inſçu. Ces motifs juſtifient
la dureté de la Loi. Il ne s'agit donc plus que
de fixer un tems convenable au peuple, pour
lequel elle doit être faite.

Les Loix des douze Tables avoient fixé un
an, pour les meubles, & deux ans, pour les
immeubles. Comme la République étoit alors
très petite, & que ſon territoire étoit renfer-
mé dans des bornes très étroites, ce terme
étoit aſſés long. Dès qu'elle ſe fût aggran-
die, on fit une Loi pour le prolonger
(*a*). Sans cela, il eut été difficile, & ſouvent même impoſſible au maître, de découvrir l'uſurpateur de ſon bien. On fit auſſi des
Loix, à Rome, pour empêcher que la pré-
ſcription n'eût lieu, pour les choſes volées, ou
dont on s'étoit emparé par violence (*b*). On
en excepta cependant celles qui, étant retour-
nées à leurs maîtres légitimes, ſeroient re-
tombées en des mains étrangères, par la pure négligence des propriétaires. Ces Loix
pouvoient ſuffire, pour légitimer & tempérer
tout ce qu'il y avoit de dur dans la préſcrip-
tion.

(*a*) Voy. Gothofred. in not. ad L. L. 12 Tabul.
Heinec Antiq. Roman. ad Inſtit. de uſucap.
(*b*) Voy. Heinec. Loc. cit. Inſt. §. 2. de uſucap.

tion : mais dans la suite, on a voulu la modérer encore plus. Dès lors, la possession des
biens devint une source d'inquiétudes & d'embarras: on vit éclore, de toutes parts, les procès, & les chicanes. Les Papes vinrent ensuite troubler les consciences,- en déclarant
que la préscription les intéressoit: ils firent
donc des Loix, pour empêcher qu'elle ne devint préjudiciable au salut des Chrétiens. Les
Tribunaux laïcs ont été assés imbécilles, pour
adopter ces Loix, comme ils en ont adopté
tant d'autres; & depuis ce temps, la préscription n'est plus qu'un vain titre, qu'on allègue,
quand tout est inutile, & qui ne fait gagner
aucun procès. Le Cardinal de Luca, le plus
expérimenté & le plus sage de tous les Juris-
Consultes praticiens, avoué ingénûment qu'il
n'a jamais vu triompher aucun de ceux qui
n'avoient d'autre titre, que celui de la préscription (*a*). Ainsi les Papes, en voulant
soumettre cette matière aux règles de la raison naturelle, ont blessé l'intérêt public, qui
doit cependant être l'objet de toutes les Loix.
Les Prêtres ne doivent pas s'en mêler: ils
n'ont en vuë que les avantages de l'Ordre sa-
cerdotal : aussi ont-ils eu soin de mettre les
biens eccléfiastiques à l'abri de toute préscription.   Déga-

(*a*) Theat. Vɛt. tit. de Præfcr. D. 1.

Dégagée de toutes les inepties canoniques, la préscription pourroit être d'un grand ufage, parmi les peuples où les particuliers poffedent des biens inaliénables, comme des Fidéi-Commis, des Majorats, des Fiefs. Ceux à qui ces biens appartiennent, les vendent fouvent à des perfonnes qui ne font pas inftruites de la qualité de ces héritages, que les fucceffeurs des prémiers viennent à revendiquer. Qu'en arrive-t-il? Ces procès, longs & dispendieux par leur nature, le deviennent encore plus, s'il s'agit d'aliénations faites dans des temps reculés; les preuves, que l'on doit faire, étant plus longues, plus fujettes à des exceptions, plus compliquées, & plus difficiles à trouver & à faire valoir, la multiplicité des frais épuife les parties. Le Demandeur eft débouté, foit parce qu'il n'a pas prouvé l'identité des héritages; foit parceque les aliénations font comprifes dans les détractions, que le Fidel-Commiffaire pouvoit faire; foit par d'autres motifs qui fe préfentent en foule: ou, s'il eft maintenu dans fes prétentions, la partie adverfe eft ruinée, par la reftitution qu'elle eft obligée de faire. D'ailleurs, les Avocats, les Procureurs, les Greffiers, & autres gens de juftice, emportent toujours les deux tiers de ces biens. Ne pour-

pourroit-on pas prévenir la plûpart de ces procès, en ftatuant la préscription du droit des fuccesseurs dans ces héritages, lorsqu'ils auroient laissé passer un an après la mort du vendeur, fans intenter leur action en Juftice? Il eft vrai que cette Loi favoriseroit les démembremens des héritages inaliénables; mais l'utilité confidérable, qui en refulteroit pour le public, feroit bientôt disparoître ce leger inconvénient.

CHAPITRE XII.

Des Procès Civils.

M. de Montesquieu a dit tant de grandes vérités dans fon Efprit des Loix, qu'on eft tenté de le croire, lors même qu'il avance des paradoxes. Sa maxime, fur la longueur des procès, en contient un fi étrange & fi dangéreux, qu'on auroit tort de ne pas le relever: Le voici. „ On entend dire, „ fans cesse, qu'il faudroit que la juftice fut „ rendue partout comme en Turquie. Il n'y „ aura donc que les plus ignorans de tous „ les peuples, qui auront vu clair dans la „ chofe du monde, qu'il importe le plus aux „ hommes de favoir. Si vous examinés les

„ for-

„ formalités de la juftice, par raport à la pei-
„ ne qu'a un Citoyen à fe faire rendre fon
„ bien, ou à obtenir fatisfaction de quelque
„ outrage, vous en trouverés, fans doute,
„ trop : fi vous les régardés dans ce rapport
„ qu'elles ont avec la liberté & la fureté des
„ Citoyens, vous en trouverés fouvent trop
„ peu ; & vous verrés que les peines, les dé-
„ penfes, les longueurs, les dangers même de
„ la juftice font le prix que chaque Citoyen
„ donne pour fa liberté (a). Si ce grand homme ne parloit ici que des procès criminels,
il auroit en quelque forte raifon. Dans ces
fortes de procès, les formalités, prefcrites par
les Loix, prouvent le zêle du Légiflateur
pour la liberté & la fureté des Citoyens ; mais
la lenteur des Juges, à décider du fort des
criminels, ne prouve que leur pareffe, leur
indolence, & leur mépris pour les hommes.
J'en parlerai plus au long, dans le chapitre
fuivant. Mais dans les procès civils, quelle
liberté, qu'elle fureté y-a-t-il à rifquer ? La
fureté des biens, me dira-t-on. Qu'on ôte,
par de bonnes Loix, aux Juges la liberté de
décider felon leur caprice, & les biens des
Citoyens feront en fureté. Les formalités,
qui

(a) Efprit des Loix, L. 6, chap. 2.

qui n'entraînent que des dépenfes & des longueurs, ne rendent pas les biens plus affurés:
elles ne font qu'ajouter un mal au rifque de
les perdre. Quand ma vie eft en danger
pour un crime que l'on m'impute, les formalités me la prolongent, & nouriffent mon
efpoir: d'ailleurs, perfonne ne perd à cette
lenteur. Mais quand je plaide pour des
biens, fi je fuis le Demandeur, les formalités, fuppofé que je gagne mon procès, m'ô-
tent d'autant plus de mon droit, qu'elles en
reculent davantage la poffeffion & la jouiffance, & qu'elles me caufent des dépenfes,
qu'une voye plus courte m'auroit épargn-
ées. Si je fuis le Défendeur, elles ne font
qu'augmenter ma perte, en cas que je fuccom-
be, par les frais dont elles m'accablent, par
le temps qu'elles me font employer inutilement, & par la liberté qu'elles me laiffent de
confommer peu à peu les fruits d'un bien,
que je ferai forcé dans la fuite de reftituer tout
d'un coup. Ajoutons encore que celle des
deux parties qui a raifon, fouffre toujours
une perte réelle, par ces formalités longues &
difpendieufes. Or n'eft-il pas contraire à
l'équité, de faire du tort à la partie qui a raifon, pour mettre plus à fon aife celle dont
la caufe eft injufte? La liberté & la fureté

font en général d'un grand prix dans l'État ; mais elles ne font que nuifibles ,. lorfqu'un particulier les prend fur un autre particulier, & qu'une partie des Citoyens doit en faire le facrifice, pour laiffer à l'autre le plaifir d'en jouir. Enfin, les formalités ne font utiles qu'aux gens de Loi : elles entraînent la ruine de tous les autres.

L'exemple des Romains prouve ce que je viens d'avancer. Auffi long-temps que ce peuple fut libre, il ne connut point de formalités dans les procès : je parle de ces formalités qui entraînent des longueurs & des dépenfes. Il y avoit des formules, fans lefquelles rien ne fe faifoit en juftice , ni par le Préteur, ni par les Juges, ni par aucune des parties. Toute action, & tout acte, qui fe paffoit devant le Tribunal du Magiftrat, étoit foumis à la formule qui lui étoit propre (a). Mais ces formules, loin d'allonger les procès, les abrégeoient ; loin de les embrouiller, elles les fimplifioient ; & elles diminuoient les dépenfes, bien loin de les multiplier.

Voici comment tout cela s'opéroit. Le Demandeur expofoit au Préteur, en préfence

____

(a) Voy. le Ch. 2.

ce de son adversaire, le sujet de sa plainte ; & il indiquoit en même tems l'action, qu'il vouloit intenter. Le Défendeur, de son côté, alléguoit son exception : sur quoi le Préteur nommoit aux parties le Juge qui devoit décider leur contestation. Car tout Préteur avoit une liste des Juges ; & lorsqu'il y avoit quelque procès, il choisissoit un de ces Juges pour prendre connoissance du fait, & condamner ensuite la partie qui avoit succombé dans les preuves du fait. Mais le choix du Juge devoit se faire du consentement des parties, qui pouvoient récuser ceux qu'elles ne croyoient pas leur convenir. Elles exposoient donc simplement leurs droits devant le Préteur ; & cela se faisoit par des formules, conçues en très peu de mots, & propres à exprimer l'intention de chacune. C'étoit là proprement l'exposé de l'état de la question, que les plaideurs devoient ensuite aller éclaircir devant le Juge. On appelloit cet acte, la *contestation de la cause,* parceque l'un y avoit formé sa plainte, & que l'autre avoit donné son exception. Le Préteur comprenoit, après cela, dans une formule, la demande & l'opposition ; il la communiquoit au Juge qui avoit été choisi, & lui ordonnoit d'examiner à laquelle des deux parties le

fait

fait étoit favorable, & de condamner ou d'abfoudre, felon le réfultat des preuves (a).

S'agiffoit-il d'une affaire qui, outre l'examen, demandoit une profonde connoiffance
du droit; qui, outre la capacité néceffaire
pour approfondir la vérité, exigeoit une
grande prudence, pour porter une décifion
analogue aux Loix; & dans laquelle il ne
fuffifoit pas d'être bon & jufte, mais où la fageffe devoit fe réunir à la juftice & à la bonté,
le Prêteur portoit le procès devant le Tribunal des Centumvirs, auquel il préfidoit, &
le décidoit à la pluralité des voix (b).

Dans de certains cas, lorsqu'il ne s'agis-
foit, par exemple, que de la poffeffion d'une
chofe, ou d'une affaire qui ne fouffroit point
de délai, le Prêteur jugeoit lui même, & ne
donnoit point de Juges.

Ce qu'il y a de plus remarquable dans cette procédure, c'eft que l'on commençoit
toujours par fixer l'état de la queftion, & qu'a-
près, il n'étoit plus permis de s'en éloigner; que cette difpofition préliminaire fe
faifoit devant le Prêteur, avant que l'affaire

(a) Voy. Sigonius. & Poletus de Judic.
(b) Voy. Quintillen L. 4. Sénèque de Benef. L.
3. ch. 7. Cicer. L. 1. de l'Orateur.

re fut portée devant les Juges; enfin, que la conteſtation de la cauſe étoit expoſée en peu de mots, où les longeurs, les débats, & les chicanes n'avoient pas lieu. Il falloit-être ſi exact dans ce que l'on expoſoit devant le Préteur, que ſi le Demandeur ſe trompoit dans quelque circonſtance, du lieu, par exemple, du temps, ou de la quantité de la ſomme, il perdoit ſon procès ſans reſſource, quoiqu'il eût raiſon, quant au fond (a). Mais dans la ſuite, les Préteurs introduiſirent la coutûme d'accorder la *reſtitution en entier*, à ceux qui pourroient prouver n'avoir failli que par méprife. Cette grande exactitude, que l'on exigeoit des plaideurs, les obligeoit à s'inſtruire avec préciſion de leurs affaires, avant de les porter en Juſtice; & ôtoit, en même temps, aux poſſeſſeurs injuſtes tout prétexte de chicane.

Les appellations étoient inconnuës. On n'y avoit pas même penſé, parceque toute affaire qui exigeoit la connoiſſance du Droit, des lumières, & de la prudence, étoit portée devant le Tribunal des Centumvirs, où plus de cent perſonnes donnoient leur avis, & où

le

______

(a) Cicer. pro Muranâ Ch. 9. Voy. Heinec. Antiquit. Rom. ad inſt. tit. de action. verſ. fin.

F 3

le nombre & la dignité des Juges rendoient la corruption impraticable. Les affaires, où il ne s'agiſſoit que du fait, étoient décidées dans les premiers temps par un Sénateur, & dans la ſuite, tantôt par un Chevalier, & tantôt par un Sénateur, qui étoit lié par le ſerment que les Romains reſpeƈtoient plus qu'aucun autre peuple de la terre, & choiſi du conſentement des deux parties, qui pouvoient recuſer ceux dont elles n'avoient pas une opinion favorable. Quant aux affaires, que les Préteurs étoient obligés de juger ſeuls, les Citoyens pouvoient s'adreſſer au Préteur forain, s'ils étoient lézés par celui de la ville. Le Préteur forain n'étoit pas obligé de prêter l'oreille à ces recours ; mais il ne manquoit jamais de le faire, lorsque l'injuſtice étoit claire, ou que le Préteur de la ville s'étoit fait une mauvaiſe réputation (*a*).

Les Magiſtrats & la procédure éprouvèrent, dans la ſuite, de grands changements de la part

(*a*) Cicer. in Verrem Lib. 1. où il parle de L. Piſo, qui fut le proteƈteur des Citoyens contre Verrès, dans le cours de l'année qu'il exerça la Préture urbaine.

Céſar de la guerre civile L. 3. où il rapporte les conteſtations qu'occaſionna le Préteur forain par ſes oppoſitions injuſtes aux Edits & Décrets de Trébonius Préteur de la Ville.

part des Empereurs, guidés, les uns, par la politique, & les autres, par la bêtise. Les formules furent abolies; la Jurisdiction des Préteurs fut démembrée; & ces derniers eurent ordre de prendre connoissance de toutes les affaires, & de les juger seuls. On dût conséquemment permettre d'appeller de leurs sentences, & établir des Juges d'appellation.

Dès-lors, les Juges commencèrent à accorder toutes sortes de délais sans raison, parceque tout délai étoit un repos pour eux mêmes. Ils admettoient les exceptions les plus frivoles, parcequ'ils n'avoient pas le temps d'en connoître la frivolité. Ils consentoient qu'on brouillât même le fait, & qu'on changeât toujours la question, depuis le commencement du procès jusqu'à la fin: ce qui dut nécessairement produire des longueurs, des dépenses, & des confusions affreuses.

Le Droit Canon augmenta tous ces inconvénients. Quand les Papes entreprirent d'accabler les peuples de ce Droit, toute la terre étoit couverte des ténèbres de la plus crasse ignorance. La stupidité fit embrasser ce joug: les Tribunaux en furent infectés, & le sont encore.

Je ne parlerai point ici des inconvéniens, des désordres, & des abus excessifs, qui règnent

dans

nos Tribunaux de l'Europe, & dans toute la procédure judiciaire, depuis le premier acte jusqu'au dernier : j'indiquerai feulement un moyen unique & facile d'en enlever la partie la plus confidérable, & la plus choquante.

Ce moyen eft de rapprocher notre procédure de celle des Romains. Qu'on fépare d'abord dans tout procès ce qui eft de droit, de ce qui eft de fait, & qu'on traite féparément l'un & l'autre. Ainfi, le Demandeur commencera par expofer le fujet de fa plainte, & ce qu'il prétend de fon adverfaire. De fon côté, le Défendeur niera le fait, s'il le tient pour faux ; ou s'il l'admet, il alléguera fes exceptions. Dans ce dernier cas, il n'aura pas la liberté de nier fimplement le fait ; mais il fera obligé de faire connoître d'abord fes exceptions. Par ce moyen, on obvie à deux inconvéniens très confidérables : premièrement, on fait taire par là toutes les preuves inutiles, c'eft-à-dire, celles qu'occafionnent le filence, les chicanes, & les fubterfuges du Défendeur ; & en fecond lieu, en fixant l'état de la queftion, dès le commencement du procès, on prévient les repliques, les dupliques, & les tripliques fans fin.

Mais le plus grand avantage de cette féparation du droit, de ce qui eft de fait, c'eft

qu'elle

qu'elle eſt très propre à mettre fin à la confuſion qui regne, d'un bout à l'autre, dans les
procès modernes; & qui eſt la principale
cauſe des longueurs, & des dépenſes qui
déſolent les familles: je parle de cette confuſion, qui nait de la quantité d'incidens &
d'interlocutoires, qui ne font rien au fait
principal, qui en éloignent même, qui l'of-
fuſquent & l'embrouillent, & que les Avocats
& les Procureurs ſavent ſuſciter à leur gré,
tant pour complaire à leurs clients, que pour
leur propre intérêt: de cette confuſion, que
produit le mélange continuel de différentes
questions de droit, avec différentes circonſtances du fait: de cette confuſion enfin, qui vient
de l'entaſſement de tant de documens, & de
preuves hors de propos.

Pour arrêter les chicanes & le verbiage
des Avocats, il faudroit encore ſtatuer que
les parties, ou leurs Procureurs, ne pourroient pas expoſer leurs prétentions par écrit;
mais qu'ils ſeroient obligés de les dicter en
termes courts au Greffier, juſqu'à la conclu-
ſion en cauſe, *conclusio in cauſâ*, après laquelle il ſeroit permis de préſenter des écrits
contenants le précis des preuves ſur le
fait, & la déduction des raiſons pour le
droit. C'eſt ce qui ſe pratique en pluſieurs

ne

endroits, & qui épargne bien des frais aux plaideurs. Je crois que les Grifons & quelques Cantons Suiffes doivent à cet ufage le bonheur de n'avoir prèsque point d'Avocats parmi eux, & par conféquent peu de procès civils

Mr. de Montesquieu prétend que ce fut la nature du Gouvernement Républicain, qui établit chez les Romains la néceffité de fixer, dans les procès, l'état de la queftion. Cela venoit, dit-il dans fon efprit des Loix L. 6. Ch. 4., de ce que le peuple jugeoit, ou étoit cenfé juger; & il falloit, felon lui, fixer l'état de la queftion, pour que le peuple l'eut toujours devant les yeux. Cette fuppofition eft fans fondement. Le peuple n'a jamais penfé à s'attribuer la connoiffance des caufes civiles; & il n'eft jamais tombé dans l'efprit d'aucun Tribun, de propofer une Loi qui ftatuât que les Juges fuffent cenfés juger au nom du peuple. Ce furent les Patriciens qui réglèrent la forme de procéder dans les affaires civiles: or il n'eft pas croyable que cet Ordre eut voulu donner, de fon chef, au Peuple un droit auquel celui-ci ne penfoit pas, pendant qu'il cherchoit toujours à arracher aux Plébeïens les droits même dont ils étoient en poffeffion. Il eft donc plus naturel de penfer, que ce fut la prudence qui

infpi-

infpira ce réglement aux Patriciens: ils a-
voient prévu, peut être même l'expérience
leur avoit-elle fait fentir, que dans le cours
d'une affaire, l'état de la queftion, dès qu'il
n'étoit pas fixé, changeoit continuellement,
& qu'on ne le reconnoiffoit plus.

Mr. de Montesquieu dit, dans le même Chapitre, qu'il fuivoit de là que les Juges, chez
les Romains, n'accordoient que la demande précife, fans rien augmenter, diminuer, ni modifier; mais que les Prêteurs imaginèrent d'autres formules d'Actions, qu'on
appella de *bonne foi*, où la manière de prononcer étoit plus dans la difpofition du Juge.
Ceci, dit-il, étoit plus conforme à l'efprit de
la Monarchie. Je ne fcais fur quoi ce grand
Homme a fondé fon affertion, que les Prêteurs ont inventé les Actions de *bonne foi*;
j'en ai montré l'origine, au Chapitre quatrième. D'ailleurs, ces Actions furent en ufage,
dès le commencement de la République, &
par conféquent dans un temps bien éloigné de
la Monarchie. Mais dans cet endroit, comme dans bien d'autres, Mr. de Montesquieu
eft la dupe de fon principe. Il a été obligé
d'avancer tout ce que je viens de refuter,
parcequ'il avoit établi pour principe, que
dans les Républiques, auffi bien que dans les
Monar-

Monarchies, il faut beaucoup de formalités dans les procès; & que dans l'un & dans l'autre Gouvernement, elles augmentent en raison du cas que l'on y fait de l'honneur, de la fortune, de la vie, & de la liberté des Citoyens. C'est ce qui l'a engagé à chercher d'autres raisons pourquoi les Romains avoient si peu de formalités, dans le tems de leur plus grande liberté. Mais son principe est faux; & quand il n'y auroit que l'exemple des Romains, cet exemple suffiroit pour le détruire. Ces formalités, loin de mettre en sûreté votre honneur & votre bien, fournissent aux calomniateurs, aux Juges, & aux Avocats, cent moyens de vous ôter l'un & l'autre. Il n'y a rien de plus facile que d'éblouir les yeux du Public, & de commettre mille injustices, sous le voile des formalités. Il est très difficile, au contraire, d'en imposer au Public & aux supérieurs, dans une procédure où tout est simple; plus il y a d'envelopes, plus il est facile de cacher ce que l'on veut: or les formalités ne font que des envelopes. Voulés vous que toutes les formalités pernicieuses tombent tout d'un coup, statués que, dès le commencement du procès, l'état de la question soit fixé; que tout ce que le Demandeur prétend, tout ce que le Défendeur oppose, y

soit

foit compris; & que, dès le premier pas qu'une des parties fait pour s'en éloigner, elle ait perdu fa caufe. Sans ce réglemen:, on a beau faire mille réformes dans la procédure: on ne la réformera jamais. Les réformes produiront de nouveaux abus, à la place de ceux qu'elles auront corrigés.

Comment Mr. de Montesquieu, qui a fi bien connu le Clergé du moien age, & qui n'ignoroit pas les impoftures, les méchancetés, & les crimes qu'il a employés pour afservir & piller les Laïcs, a-t-il pu ne pas fentir que toutes les formalités, dont il eft ici queftion, font une invention de ce même Clergé, pour arrêter plus long tems dans fes Tribunaux, & ruiner plus aifément les plaideurs féculiers? La fource de ces formalités n'eft ni dans le Gouvernement Monarchique, ni dans le Républicain, mais dans le premier & le fecond livre du Droit Canon. Les Romains, de qui nous avons pris le refte du Droit civil, ne les ont jamais connuës, ni du tems de la République, ni du tems des Empereurs. C'eft le Clergé qui les a forgées, après avoir établi fon empire fur notre raifon & fur nos confciences, & nous avoir accablé de fon joug humiliant. N'allons donc point chercher l'origine des formalités, dans

la

la nature des Gouvernemens modérés.

Les Romains avoient un autre avantage fur nous, dans leur forme judiciaire. Dans leurs Tribunaux, les témoins étoient examinés publiquement : le défendeur & l'accufé étoient préfens à leur examen, & ils pouvoient les confondre, s'ils mentoient. Cette pratique avoit deux avantages. Le Juge & le Greffier ne pouvoient pas leur faire dire ce qu'ils vouloient contre la vérité; ils ne pouvoient pas non plus coucher par écrit ce que le témoin n'avoit pas déclaré : au lieu qu'aujourd'hui, chés la plùpart des Nations, on fait dire aux témoins ce qu'ils n'auroient jamais eu dans l'efprit de dépofer. Outre cela, chez les Romains, la partie contre laquelle les témoins étoient produits, pouvoit d'abord fçavoir fi elle avoit befoin de produire des preuves contraires ou non; car dès qu'on voyoit par ce qu'avoient attefté les témoins, que la partie adverfe n'avoit pas prouvé fa prétention, on pouvoit fe difpenfer de prouver inutilement le contraire. Mais dans nos Tribunaux, où il n'eft pas permis de voir ni d'entendre les dépofitions des témoins, les deux parties tâchent de faire, chacune de leur côté, autant de preuves qu'elles peuvent; l'une, pour appuyer fa demande, & l'autre, pour la combat-

battre. Le Demandeur ne ſe laſſe pas de produire ſans ceſſe de nouveaux témoins, parceque ne pouvant ſçavoir ce qu'ils diſent,
il ignore ſi ceux qu'il a fait examiner au
paravant, l'ont bien ſervi, & s'ils ont accom-
pli en Juſtice la parole qu'ils lui ont donnée,
lorsqu'il ſe trouvoit tête tête avec eux: ainſi
il entaſſe preuves ſur preuves, & cela ne
finit jamais. Le Défendeur, de ſon côté, fait
auſſi tous ſes éfforts pour détruire, par d'autres témoins, les dépoſitions de ceux de ſon
adverſaire; & il éprouve en cela les mêmes
inconvéniens. Tout cela traîne en longueur les
procès, les groſſit, en augmente les fraix: &
c'eſt une pure invention des Prêtres qui fait
tout ce mal. Les Papes, les Evêques, leurs
Vicaires, ont trouvé que plus ils faiſoient du-
rer un procès devant eux, plus ils y gagnoient.
Je ſçais bien que, pour colorer cet indigne
artifice, le Clergé a imaginé de dire, que
l'examen ſecret des témoins empêche que celui qui les a produits ne puiſſe après en ſuborner & en inſtruire d'autres, pour faire
ſuppléer par ceux-ci à ce que les premiers
n'ont pas dit; & que celui contre qui la
partie les a produits, ne puiſſe également gagner & inſtruire d'autres perſonnes, pour leur
faire dépoſer tout le contraire. Mais ce prétexte

texte eſt frivole; car la partie peut auſſi bien inſtruire ces témoins, ſi elle ſçait le contenu de l'examen, que ſi elle ne le ſçait pas. Il ſuffit à cet éffet de ſçavoir en général ce que l'on veut prouver, ou démentir par ſes témoins: & cela ne ſe peut pas ignorer. D'ailleurs, il eſt plus aiſé de ſuborner des témoins qui doivent être examinés en ſecrèt par le Juge, qui ignore toujours la verité du fait, que de gagner ceux qui doivent paroître en préſence de la partie adverſe, pleinement informée de l'affaire, & ſubir ſes interrogatoires, qui peuvent les confondre tout d'un coup.

CHAPITRE XII.

De la Procédure criminelle.

IL a paru, depuis peu d'années, un Code de Loix criminçlles, qui eſt fait pour un peuple doux, docile, de bonnes mœurs, affectionné à ſes Princes, & ſoumis à leurs Loix, où tout eſt contre ceux qui ſont déférés à la juſtice comme criminels, & rien en leur faveur: comme ſi le malheur d'être accuſé, ou ſoupçonné d'un crime, étoit déja un crime: comme s'il n'étoit pas poſſible d'être innocent,

cent, dès que l'on eft pourfuivi par le Juge : comme fi le bien public exigeoit que l'on punit des innocents, plutôt que de laiffer échapper des coupables ! La procédure, qu'on y préfcrit, eft atroce : il femble qu'on y ait fuppofé qu'un homme, dès qu'il tombe entre les mains du Juge, ne mérite aucun ménagement, & qu'il faut le rendre malheureux, avant d'être reconnu coupable. Les peines y font févères, fans aucune harmonie ent . elles, & fans aucune proportion avec les crimes qu'elles puniffent: point de principes, point de liaifon, point de confidération pour le bien public. Tout ce que les Prêtres dans leur fanatifme, tout ce que les JurisConfultes des tems barbares ont, dans leur haîne pour le genre humain, appellé délit, y eft noté, & puni. On y admet les accufations de Magie: on y venge Dieu févèrement pour des torts qui ne font faits qu'à lui: comme fi l'on vouloit lui reprocher fon indolence, & en réparer la faute. Ce Code oblige les Juges à manquer à la foi publique : il veut qu'un fauf-conduit n'ait plus de force, dès que celui qui en eft muni, fe trouvera convaincu du crime pour lequel il eft pourfuivi; & en ce cas, le Juge doit fe faifir du coupable, même avant l'ex

G

pira-

piration du terme fixé dans le fauf-conduit.
La torture y eft ordonnée, & on y raffemble
toutes celles que la rage & la barbarie ont
fçu inventer: on eft allé jufqu'à les peindre
en détail dans des planches, placées à la fin
de l'Ouvrage : l'humanité frémit à la vuë de
ces images revoltantes. Quel Code pour un
fiècle tel que le notre ! Que fes Rédacteurs
fe font éloignés des fentiments de clémence
& de bonté de leur Souverain !

L'Impératrice de Ruffie a publié fes inftruc-
tions, pour la formation d'un Code tout oppofé: c'eft l'ouvrage de l'humanité & de la fageffe.

Tant d'habiles gens, tant de beaux génies
ont écrit fur cette matière, que je n'ofe plus
en traiter après eux. Je ne parlerai donc
point de la douceur des peines, ni de l'harmonie qui doit règner entre elles, ni de la
proportion qu'elles doivent avoir avec les
crimes qu'elles puniffent, ni de leur but, ni
de leur rapport avec le climat & la fituation
du païs, la conftitution, les mœurs, les
Loix, & le caractère du peuple pour lequel
elles font faites. Je ne veux m'arrêter que fur
un feul chef, qui eft la procédure criminelle.

Le plus grand de tous les défordres, qui
ont lieu dans l'adminiftration de la juftice criminelle d'aujourd'hui, c'eft prèsque en tout
païs,

païs, la procédure même. Prèsque par
tout, un seul Juge fait en secrèt le procès
à l'accusé ; il l'interroge à sa façon, & quand
il lui plait ; il le chicane, le fatigue, l'em-
barrasse, & l'embrouille par ses interrogatoires ; il le tourmente par les horreurs de la
prison ; il l'intimide par des menaces ; il le
trompe par des espérances ; il le renvoye, &
se le fait ramener ; il l'oublie dans sa prison,
& se le rappelle encore : en un mot, le
pauvre accusé est le jouèt de ses caprices,
avant d'être convaincu de son crime. Je ne
parle pas de la torture, parceque je me suis
fait une Loi de ne point retoucher ce qui a
été traité par tant d'autres.

Ce Juge examine de même en secrèt les
témoins ; & par différents leurres, il leur
fait dire souvent plus qu'il ne savent. Tout
Juge se persuade qu'il est de son honneur,
que celui qu'il poursuit, paroisse criminel :
tout homme se pique de réussir dans ses entreprises, & un Juge criminel croit que sa
fonction est de trouver des coupables. Il
met donc tout en œuvre pour y réussir ; & il
le fait d'autant plus que personne, à l'exception du Greffier, qui est toujours animé du
même esprit, n'est témoin de ses iniquités.

Il est notoire que, chez les Romains, la

pro-

procédure criminelle étoit publique: il ne faut qu'avoir lu Cicéron, pour en être convaincu. Il en eſt de même en Angleterre; avec cette différence, que le Juge ne peut y condamner perſonne de ſon propre chef. Douze Jurés, que l'accuſé a, pour ainſi dire, choiſi lui-même, doivent prononcer s'il eſt coupable ou non; & s'il eſt coupable, le Juge prononce la peine, que la Loi inflige pour le crime qu'il a commis: ainſi le Juge ne fait qu'appliquer la Loi au fait, après que d'autres ont déclaré que le fait eſt criminel.

Cet expédient de la Légiſlation Angloiſe prévient les jugements arbitraires, & la tyrannie des Juges, dans les ſentences; mais il ne met pas d'entraves à leur tyrannie, dans la procédure; & il me ſemble qu'en général il importe plus d'empêcher la conduite arbitraire des Juges dans la procédure, que de prévenir leurs jugements arbitraires: car il eſt rare de trouver des Juges aſſés méchants pour ſe porter à condamner un homme qui, ſuivant les Actes, mérite d'être abſous, à moins qu'il ne s'agiſſe de quelque perſonne qui s'eſt attiré la haine du Prince, ou du Gouvernement. Mais il n'y a rien de plus ordinaire que de voir les Juges exercer mille cruautés, & mille iniquités, dans la procédure: c'eſt donc à cet in-

con-

convénient qu'il faut principalement remédier.

Ce remède est facile & praticable. Dès-que les Juges ont fait arrêter quelcun, on pourroit les obliger de préfenter à l'accufé un certain nombre de perfonnes honnêtes, parmi lefquelles il choifiroit celles en qui il auroit le plus de confiance. Le Juge rénouvelleroit, en leur préfence, l'examen des témoins, dont les dépofitions auroient fait décerner la prife de corps: ces témoins ne prêteroient ferment qu'à la répétition de leur examen; & s'il fe trouvoit qu'à cette répétition, les témoins ne confirmaffent pas leurs dépofitions précédentes, le prifonnier feroit relâché, & le Juge puni, au cas qu'il les eut induits à altérer la vérité. Si au contraire ils perfiftoient dans leurs dépofitions, le prifonnier feroit retenu, au cas que les Confidents Jurés jugeaffent que le crime, dont il eft accufé, mérite une punition corporelle. Ces Confidents affifteroient enfuite aux examens des témoins, à ceux du prifonnier, & aux confrontations : ils auroient foin d'empêcher que le Juge ne chicane, ne trompe, & n'induife en erreur, par des interrogatoires malicieux, ni les témoins, ni l'accufé ; que celui-ci ne foit pas maltraité, & que fon procès ne traîne en longueur, par la négligence du Juge. Ils dé-

fen-

fendroient au Juge de procéder ultérieu-
rement, dès qu'ils le verroient obſtiné à
ne vouloir pas reparer les torts qu'il a fait au
priſonnier, ou à vouloir lui en faire d'autres.
En cas de conteſtation entre le Juge & les
Confidents, le Tribunal ſuprême de la juſtice
décideroit la queſtion ; à moins que le priſonnier n'aimât mieux y renoncer de ſon propre
mouvement. Pour que les oppoſitions de la
part des Confidents ne puſſent pas être dérai-
ſonnables, on devroit rédiger, en peu d'ar-
ticles, une inſtruction propre à donner une
idée générale des devoirs des Juges & des
Confidents. Il faudroit pourtant ſe garder d'y
entrer dans trop de détails, parceque la procédure criminelle eſt une affaire de prudence, qui ne peut être ſoumiſe qu'à des Loix
générales.

Ceux qui feroient accuſés de brigandage &
de vol, & fortement ſoupçonnés d'en faire mé-
tier, ne pourroient pas jouïr du bénéfice des
Confidents. Outre qu'il eſt malheureuſement
des lieux, où ces ſortes de procés détourne-
roient trop de monde de leurs affaires, il
n'eſt guères apparent que celui qu'on peut
prudemment ſoupconner de pareils crimes, &
qui eſt chargé de tant d'indices que le Juge
ſe croie autoriſé à décréter contre lui la priſe

de

de Corps, foit une perfonne à faire douter que le Magiftrat le pourfuive par des vuës particulières, ou pour fatisfaire quelque paffion.

Les matières de police doivent auffi être exemptes de cette formalité. Comme elles font ordinairement de peu de conféquence, elles doivent être foumifes à peu de formalités. -- „ Les actions de police, dit M. de „ Montefquieu (*a*), font promptes, & elle „ s'exerce fur des chofes qui reviennent tous „ les jours; les grandes punitions n'y font „ donc pas propres: elle s'occupe perpétuel-„ lement de détails: les grands exemples ne „ font donc pas faits pour elle. Elle a plu-„ tôt des règlements que des Loix: les gens „ qui relèvent d'elle font fans ceffe fous les „ yeux du Magiftrat: c'eft donc la faute du „ Magiftrat, s'ils tombent dans des excès. „ Ainfi, il ne faut pas confondre les gran-„ des violations des Loix avec la violation „ de la fimple police.

M'objectera-t-on qu'il eft difficile de trouver tant de perfonnes inftruites à la fois & défœuvrées, pour fervir de Confidents à tant de criminels? Je réponds que

dans

______

(*a*) Efprit des Loix.

dans les villages, les grands crimes font rares, fi vous en exceptés ceux qui font commis par les voleurs & les brigands de profession, & que pour ces crimes rares, on trouve toujours affés de monde défœuvré. Cette forte de gens fe rencontre en foule dans les villes; & quant aux connoiffances, il leur fuffit d'avoir celles qu'infpire l'humanité & la pratique du monde. Les Jurés qui, en Angleterre, prononcent qu'un homme eft innocent ou coupable, font-ils des gens inftruits ? D'ailleurs, la feule préfence de plufieurs perfonnes fuffit pour intimider le Juge, & l'empêcher de mettre en ufage la rufe & les iniquités.

Bien fouvent les plus grands fcélérats ne font pas ceux qui font jugés, mais ceux qui jugent. Si ceux-ci font de vos amis, s'ils vous craignent, ou s'ils efpèrent quelque chofe de vous, ils vous facrifieront mille perfonnes innocentes, Si vous avés le malheur de leur déplaire, ils protégeront, en dépit de vous, tous ceux que vous leur dénoncerés comme criminels; ils donneront la liberté à tous ceux que vous aurés livrés entre leurs mains, pour des crimes : ils opprimeront l'innocence, & fomenteront le crime, au gré de leurs paffions. Parcourés toute l'Italie; il n'y a point de village, quelque petit qu'il foit, où vous ne rencontriés

triés des exemples de la méchanceté des Juges, en tout genre. Dans les autres païs de
l'Europe, ces exemples font moins fréquents;
mais il s'en faut de beaucoup qu'ils foient
rares. Voilà encore un motif très preffant
d'ôter aux Juges tout moyen d'agir felon leur
fantaifie, non feulement dans l'infliction des
peines, mais principalement encore dans la
procédure.

On a beaucoup écrit, dans ces derniers
temps, contre la févérité des peines; &
on a fouhaité que les Princes vouluffent réformer à cet égard la Légiflation criminelle.
L'Impératrice de Ruffie, Catherine II, a
écouté ces plaintes. Cette augufte Prin-
ceffe, qui a affés de courage pour combattre tous les préjugés, & affés d'adreffe pour
les déraciner; qui méprife ce langage qu'on
tient fi ordinairement dans les Cours des
Princes, qu'il eft impoffible de changer les
pratiques reçuës; & qui fait fi bien voir le
contraire dans le fait, a transporté dans fon
Inftruction pour la compofition d'un nouveau
Code, tous les principes & toutes les règles
de l'humanité. Mais dans la procédure criminelle, la rigueur des peines ufitées aujour-
d'hui en Europe, eft peut-être le moindre de
tous les maux. Il eft peu de chatiments ufi-

G 5

tés, qui foient inhumains : il eſt même des délits, où la févérité eſt néceſſaire. Les Loix criminelles de l'Angleterre font juſqu'à préſent, de l'aveu de tout le monde, les meilleures de l'Europe en ce genre : cependant les peines, qu'elles dictent, font aſſés févères. La bonté de ces Loix ne conſiſte que dans les entraves, qu'elles mettent aux Juges à l'égard de la procédure, depuis le commencement juſqu'à la fin du procès. Le tort que l'on fait à un homme, en lui faifant fubir une peine plus rigoureuse que ne mérite fon délit, n'eſt pas, à beaucoup près, ſi grand que celui que l'on fait à un innocent, quand on le traîne en priſon, quand on l'y maltraite long-tems, & par toute forte de cruautés, & qu'on le condamne enfin comme coupable. Dans le premier cas, le tort eſt même prèsque nul, ſi c'eſt la Loi, & non le Juge, qui inflige le fupplice. La Loi étant connuë, eſt commune à tous ; & il n'a tenu qu'au coupable d'éviter le chatîment, quelque févère qu'il foit : mais dans le fecond cas, le tort vient de la barbarie, de la perfidie, & de la méchanceté du Juge. Ainſi le vice le plus grand d'une Légiflation criminelle, eſt de ne pas ôter entierement aux Juges la liberté d'outrager les perfonnes innocentes. En Allemalemagne, par exemple, & en Italie, dès qu'un Juge veut faire du mal à quelcun qui n'en a pas fait à la société, il n'a qu'à ouvrir les infâmes ouvrages de Carpzov & de Farinace; il y trouve d'abord mille moiens de le tourmenter: ainsi il ne peut jamais manquer de prétextes pour persécuter, ni de moyens de véxer à son gré les plus honnêtes gens.

D'un autre côté, si les Juges peuvent à leur fantaisie, & sans paroître blesser les Loix, sauver & renvoyer absous ceux qui se trouvent vraiment coupables de quelque délit, c'est un autre défaut très considérable dans la Légiflation criminelle. Pour lors, il vaudroit mieux qu'il n'y eut point de Loix du tout: car dans ce cas, elles ne sont que le jouet des Juges, & le fléau de bien des personnes innocentes. Telles sont en éffet les Loix de toute l'Europe, à l'exception de celles d'Angleterre. Dans ce païs là, on a pris encore plus de mesures contre la méchanceté des Juges, que contre celle des délinquants; & c'est ainsi qu'il faut en agir: sans cela, les criminels ont tout contre eux, au lieu que les Juges ont tout pour eux, si la Légiflation ne leur tient pas la bride. Or je ne vois pas d'autre expédient pour cela que celui que j'ai

sug-

fuggéré ci deſſus, ſçavoir de rendre les Jugements publics, & d'ôter aux Juges toute
faculté de faire aucun acte de juſtice, ſans la
préſence & le conſentement d'un certain
nombre d'aſſiſtans. Il y a des païs, où les favoris & les Courtiſans des Princes ont la
coutume de qualifier de crime, tout ce qui ne
s'accorde pas avec leur façon de penſer, &
de traiter en criminels tous ceux qu'ils ont
envie de perdre. Dans ces païs là, un pareil règlement eſt encore plus néceſſaire qu'ailleurs.

Le vice d'une Légiſlation criminelle, de
n'avoir point de rapport au Gouvernement,
aux mœurs, & aux autres circonſtances d'une
Nation, eſt demême d'une plus grande
conſéquence pour la ſociété, que celui qui
conſiſte dans la ſévérité outrée des peines.
Qu'un Prince établiſſe, dans ſes Etats, des peines rigoureuſes contre l'adultère, & les autres
eſpèces d'incontinence, il ne ſera que rendre
ſa Légiſlation ridicule. Ceux qui ſont toujours
autour de lui, commenceront par la violer
impunément: les autres ſuivront leur exemple: les Juges fermeront les yeux ſur les premiers par crainte, & ſur les autres, par équité, par habitude, & ſouvent par avarice:
car ils ſe feront payer le ſecret par ceux à

qui

qui ils pardonneront, quand rien ne les em-
pêchera de procéder contre eux, felon les
Loix. Dans un pareil Gouvernement, des
Loix douces feroient mieux obfervées : &
pour les adultères, la Loi de Juftinien, dont
j'ai parlé au Chapitre cinquième, feroit la
plus fage. Au contraire, dans un Gouvernement Républicain, les Loix, pour être févères, n'en feront pas moins exécutées; parcequ'il n'y a rien qui puiffe intimider les Juges, dont le fort dépend de la volonté du
peuple ; & parceque plus ils fe montrent
exacts & impartiaux dans l'exercice de la
juftice, plus ils en font chéris & refpectés.
Dans un tel Gouvernement, les Loix contre l'incontinence doivent être très févères ;
parceque les bonnes mœurs ne fe foutien-
nent pas fans la continence, ni les Républiques fans les bonnes mœurs.

En Italie, le ferment d'une fille enceinte eft
reçu pour une preuve fuffifante, au préjudice de celui qu'elle nomme pour père de l'enfant qu'elle porte dans fon fein. Chez plufieurs peuples Proteftans de l'Allemagne,
une telle fille, lorsque l'homme qu'elle in-
culpe fe défend, eft obligée d'avérer par
d'autres preuves, non feulement le commerce
charnel qu'elle prétend avoir eu avec lui,

mais

mais encore le tems de ce commerce. Ainſi, chez les Proteſtans, où il y a encore de la Réligion, on ne croit pas une fille ſur ſon ſerment; & chéz les Catholiques, où les Prêtres & ſur tout les Moines ont converti la Réligion en pures momeries, en ſimagrées, & mille menuës pratiques, & où tous les crimes s'expient par la confeſſion, on reſpecte comme une preuve le ſerment d'une méchante perſonne qui avoüe ſon crime, au préjudice d'un autre, dont la probité n'eſt renduë ſuſpecte par aucun autre indice. Par une ſuite d'une pratique ſi inſenſée, en Italie, une fille, qui avoüe qu'elle a eu un commerce charnel avec pluſieurs perſonnes à la fois, conſerve encore aſſés de crédit, pour pouvoir, par ſon ſeul ferment, déclarer celui dont elle eſt groſſe. Les Hollandois, en réformant leur Réligion, n'ont pas réformé cette pratique abſurde & injuſte, qu'ils ont reçu de nos Canoniſtes; comme ils ont négligé d'en réformer bien d'autres, qui viennent de la même ſource impure. S'il y a quelque choſe qui puiſſe encore voiler chez cette Nation, d'ailleurs ſi équitable & ſi ſage, l'injuſtice de cette pratique, c'eſt qu'elle a de la Réligion; & que ſes Miniſtres ne donnent pas l'abſolution pour des repas, ou pour des legs. Cepenpendant, chez les Hollandois, comme chez les Italiens, les filles choisissent prèsque toujours, dans le fait, celui dont elles croyent se pourvoir accomoder le mieux, sans s'embarasser du serment.

En Allemagne, on punit de mort celui qui, dans l'yvresse, commet un homicide: en Italie, on ne le punit prèsque point. La pratique Allemande est trop rigoureuse: un homme yvre ne sçait pas ce qu'il fait; il n'est pas plus punissable pour un pareil meurtre, que le seroit un homme tombé en démence. Pour l'yvresse, la faute n'est pas tant de la personne, que de la froideur du climat, qui invite à boire des liqueurs spiritueuses, pour donner du mouvement au sang, rallenti dans sa circulation par la trop grande abondance de sa partie aqueuse, que le froid empêche de s'exhaler en assés grande quantité. D'ailleurs, il est très inutile de sévir contre cette Nation, par une Loi trop rigide, parcequ'elle ne se sert pas, dans les querelles particulières, d'armes à feu, ni de poignards, qui sont les seuls instruments meurtriers dans les mains d'un homme yvre. Au contraire en Italie, les meurtres sont fréquents; l'yvresse y rend les hommes furieux; ils se servent d'armes à feu & de poignards; & le

vice

vice de boire à l'excès eſt un vice de la perſonne, & non de la Nation : car la chaleur du climat de ce païs là exige que l'on y boive de l'eau plutôt que du vin. Ainſi la Loi des Allemands conviendroit mieux à l'Italie, & la pratique des Italiens feroit plus raiſonnable & plus juſte en Allemagne.

Quand on lit les Loix des douze Tables, on eſt d'abord étonné de l'extrême rigueur de celles qui furent portées contre ceux qui faiſoient des dommages à la campagne. Celui qui remuoit ou tranſportoit une borne, étoit dévoué aux Dieux des Enfers ; ſa tête étoit proſcrite, & chacun pouvoit le tuer impunément. Cette Loi venoit de Numa Pompilius, & les Décemvirs la conſervèrent. Celui qui coupoit une plante, ou un ſep de vigne dans le champ d'un autre, étoit pareillement puni de mort : Servius le dit expréſſément dans une note ſur l'Eglogue 13 de Virgile. Celui qui, par des enchantemens, tranſportoit des bleds & des fruits du champ d'un autre dans le ſien, · devoit auſſi être condamné à mort. Mais il faut conſidérer que les Romains étoient Agriculteurs : & chéz de pareils peuples, il eſt très juſte d'arrêter par des Loix ſévères les vols & les dommages qu'on peut faire dans les campagnes. A cet égard, les

Loix

Loix des Italiens font très défectueufes : il y
a tant de chofes à voler dans leurs campagnes,
du bled, des raifins, des feuilles de meurier,
des olives, des fruits de toute efpéce, que
tout le monde y trouve quelque chofe qui
l'invite au larcin : aufli tout le bas peuple y
vole, parceque les peines y font extrêmement légères, & qu'en outre il eft très aifé
d'échaper aux peines mêmes. En Angleterre,
il y avoit prèsque les mêmes inconvénients,
mais on vient d'y rémédier : cette Nation
n'eft pas d'humeur à envifager long-tems,
avec une tranquillité ftupide, les maux qui
l'intéreffent.

CHAPITRE XIV.

Des Loix Canoniques.

DÉ tous les Prêtres, qu'ont jamais enfantés
les différentes Religions de ce Monde,
ceux du vrai Dieu ont été pour la plus-part,
jufques au temps de la Réforme, ce que
nombre de Moines font encore aujourd'hui,
les plus cruels, les plus fourbes, les plus

 mal-

malfaifants, & les plus rebelles aux Loix de leur Divin Maitre. Il leur a ordonné d'inftruire les Peuples des vérités, qu'il leur a révélées; & ils ont trompés tous ceux qui les ont crûs. Il leur a commandé d'être foumis aux Puiffances de la terre, & d'obéir à leurs Loix; & ils fe font révoltés contre tous les Princes; ils fe font fouftraits à leur obeïffance; ils ont foulé aux pieds leurs Loix, & en ont fabriqué d'autres: ils ont formé un Etat dans l'Etat. Il leur a dit que s'ils ne devenoient comme de petits enfants, s'ils s'écartoient de l'humilité, s'ils affectoient de dominer, & de s'élever fur les autres (*a*), ils n'entreroient pas dans le Royaume des Cieux. Il a ftatué que quiconque voudroit être grand entre eux, devoit être le ferviteur des autres; & que celui qui ambitionneroit d'être le premier, feroit le dernier: mais tout cela ne les a pas empêchés d'ufurper la domination temporelle & fpirituelle, de s'ériger en Souverains, & de s'ar-

(*a*) Luc IX. 46. XXII. 27.
Math. XVIII. & fuiv. XX. 26.
Marc. IX. 34.
Jean XVIII. 13. & fuiv.

s'arroger la Domination fur les Puiffances fupérieures. Ces hommes, deftinés à répandre dans le monde la parole de Dieu, fe font foulevés contre cette parole, à laquelle ils ont fubftitués une foule de doctrines de leur invention : doctrines empoifonnées, trompeufes, deftructives, atroces: & par là ils font venus à bout de corrompre non feulement la Religion, mais encore la Morale, le Droit naturel, civil, & politique, les fciences, même celles qui font les plus étrangères à la Religion, telles que la Géographie, l'Aftronomie, la Phyfique, l'Hiftoire. Comme Miniftres de Dieu, ils fe font emparés de tout: comme des fourbes ignorants, ils ont tout dénaturé. Quand des hommes éclairés entreprirent de réformer la Religion, les mœurs, & les fciences, les Prêtres bouleverfèrent toute la terre; ils firent périr des millions d'hommes, couler des torrents de fang, révolter les peuples; ils mirent en œuvre toutes les perfidies, & toutes les cruautés imaginables pour maintenir leurs impoftures. Ce font ces impofteurs fanguinaires, qui ont forgé le Droit Canonique, Code impur d'iniquités.

Je me borne ici à confidérer les éffets que ces

mé-

méchantes Loix ont produit dans le Droit civil: elles y ont détruit tous les vrais principes d'une bonne Légiſlation, & y en ont ſubſtitué de faux & de pernicieux. Par leur moyen, le Clergé s'eſt rendu indépendant des Tribunaux civils; & dans la plupart des Païs Catholiques, il a encore arraché aux Magiſtrats ſéculiers la Jurisdiction ſur les biens de l'Egliſe: il a converti quantité de cauſes temporelles en affaires ſpirituelles, & il les a ſoumiſes aux Tribunaux Eccléſiaſtiques, pour aggraver les fers des Laïques, & multiplier les prétextes de leur extorquer de l'argent. Il a rendu le Mariage odieux, par la défenſe du divorce; & l'a expoſé à l'incontinence, à l'infidélité, & à toutes ſortes de débauches, par les différentes eſpèces de Célibataires qu'il introduit. Il a affoibli, & même anéanti la puiſſance paternelle, par le droit ſans bornes qu'il a accordé aux enfants, dans le choix d'un état. Il a détruit celle du mari, par l'aſſurance qu'il a donnée aux femmes de ne pouvoir être répudiées. Il s'eſt ouvert une voye, pour s'emparer par la fraude des biens des morts, en dégageant de toutes formalités, même les plus eſſentielles à une preuve, tout Teſtament contenant quelque diſpoſition pieuſe. Il a mis des entraves au commerce & à l'induſtrie, en

dé-

déclarant illicite, tout intérêt dans le prêt. Il
a rendu les procès éternels, dispendieux,
ruineux aux vainqueurs même, par la forme
qu'il leur a donnée. Il en a multiplié le nombre, par les difficultés infurmontables auxquelles il a affujetti la Préscription. Il a augmenté
la lifte des crimes; & il a combattu long-
tems, pour s'approprier à lui feul le fruit de
cette invention, le plaifir de févir contre les
Laïques, & de confisquer leurs biens. Ainfi,
le commerce d'un homme marié avec une
fille, a été appellé adultère; le concubinage,
fornication; l'interêt du prêt, ufure. Il a
encore imaginé l'héréfie, & l'a qualifié du plus
puniffable de tous les crimes: par cet expédient, il a pu prononcer la perte de la vie &
des biens, contre tous ceux qui auroient des
fentiments différents des fiens· La magie &
la forcellerie lui ont valu pendant long-tems
des tréfors immenfes, par la confiscation des
biens des malheureux qu'il condamnoit au
dernier fupplice, pour ces crimes imaginaires.
Les Magiftrats féculiers, trop fuperftitieux
pour foupçonner de l'iniquité dans ces inventions, & trop ignorants pour la démêler, fe
font contentés de difputer au Clergé la Jurisdiction fur ces délits, & de prétendre fe
l'arroger à eux feuls. Le Clergé fe vit enfin

H 3

obligé

obligé de la partager avec les Laïques, à l'exception de celle qui a pour objet le crime
d'héréfie. Ainfi des chofes qui n'exiftent point
du tout, ou des fautes qui n'intéreffent point
la fociété, ont été érigées en crimes chez les
Laïques, auffi bien que chez les Prêtres.

On ne pourra jamais efpérer de réformer les Loix ni les mœurs, fi l'on ne commence par anéantir toutes ces inventions
des Prêtres, avec leurs conféquences ; fi
l'on ne débute par détruire, & déraciner leur
empire ; fi on ne les réduit au pur Miniftè-
re, auquel Dieu les a deftinés, qui eft d'en-
feigner, & non de commander ; de prêcher,
& non de contraindre ; d'annoncer la parole de Dieu, & non de forger à leur gré
dés Doctrines nouvelles, capricieufes, & oppofées à celle de leur Maitre.

CHAPITRE XV.

De Loix Civiles en général.

LA compilation des Loix, faite par ordre
de Juftinien, eft tout à fait extraordinaire dans fes défauts: c'eft l'affemblage de
tous ceux qui peuvent fe rencontrer dans un
code

code de Loix. Ces Loix font innombrables,
infinies; & il n'y a perfonne qui, dans le
cours de fa vie, puiffe parvenir à retenir la
moitié de leurs décifions, quelque mémoire
qu'il ait, & quelque foin qu'il fe donne. Cependant les Loix ne font bonnes, qu'autant
qu'elles font à la portée de tout le monde. Si
leur trop grand nombre met feulement un
tiers des Citoyens dans l'impuiffance de les
connoître, ces Citoyens bouleverferont tout;
leurs contraventions involontaires embrouil-
leront les affaires des autres; leur ignorance
troublera fans ceffe la tranquillité publique,
par des procès : ce qui revient prèsque à
la même chofe, que s'il n'y avoit point
de Loix. Cela doit arriver à plus forte raifon, quand il n'y a aucun Citoyen de l'Etat
qui puiffe en avoir une connoiffance com-
plette. Chez les Romains, celles des Décemvirs étoient en fi petit nombre, que les enfants les fçavoient par cœur (*a*).

On diroit que Juftinien a été affés imbécille
pour fe perfuader, qu'il pourroit comprendre fous fes Loix un fi grand nombre de décifions, qu'elles fuffiroient pour régler & décider toutes les affaires, dans tous les cas pos-
fibles,

(*a*) Cicer. de Leg. L. 2.

fibles, & pour empêcher les Juges de rendre des fentences arbitraires. Il étoit au contraire tout naturel, que fa méthode produifit un éffet oppofé : c'eft auffi ce qui n'a pas manqué d'arriver. Toutes fes Loix ne roulent que fur des cas particuliers : elles defcendent dans des détails, qui vont à l'infini : elles contiennent une multitude d'exceptions, qui font elles mêmes fujettes à des limitations fans fin. De-là il eft arrivé que chacun prétend que fon cas n'eft pas celui de la Loi ; qu'il eft revêtu d'autres circonftances ; qu'il appartient à l'exception, ou à la limitation ; & qu'il eft même d'une efpéce tout à fait différente. Les Juges ne tardent pas à fe trouver embaraffés : ce qui leur fournit le prétexte de décider comme ils veulent. Les Romains furent long-tems fans connoître d'autres difpofitions, pour caufe de mort, que les Teftaments : il n'y avoit alors de procès dans ce genre que pour les Teftaments. Les Patriciens, les Préteurs, & les Juris-Confultes affujétirent dans la fuite ces Actes à différentes formalités, & à plufieurs gênes : dès lors il y eut bientôt des procès, par raport à ces formalités. Celles-ci portèrent l'Empereur Augufte à approuver les Codiciles, qui devinrent à leur tour des fujets de difputes. Dans la fuite,

On

on imagina, pour la même raifon, plufieurs efpéces de Teftaments privilégiés : alors il y eut des queftions occafionnées par ces fortes de Teftaments. Quelques Juris-Confultes donnérent à la Claufule Codicillaire une certaine force, & une certaine étendue ; & il y eut d'abord des procès enfantés par cette Claufule.

Les Loix de Juftinien donnent à celui qui a été léfé, dans l'achat d'une chofe, quatre fortes d'Actions ; celle qui naît du contract de la vente ; celle de la refciffion de la vente, pour la léfion qui paffe le double ; celles qui font intitulées *quanto minoris*, & *redhibitoria*. S'il n'y avoit que la prémière de ces Actions, il n'y auroit de procès que fur la queftion, fi le dommage mérite d'être confidéré, ou non : & l'acheteur déclareroit s'il fe contente de la fimple réparation du dommage, ou s'il ne veut pas de la chofe achetée, avec le défaut qu'elle a. Mais apréfent, on difpute fi le contract peut être annullé ou non ; fi l'on peut agir au double de la léfion ; fi le Demandeur a intenté l'action qu'il devoit ; s'il a obfervé le tems, & les bornes préfcrites. On fait encore mille autres queftions, qui ne pourroient avoir lieu, fans les trois autres Actions, que l'on a ajoutées inutilement à celle du contract de vente. Les Juris-Confultes

H 5

fçavant

fçavent que je pourrois alléguer mille autres exemples pareils. Tout cela prouve que la multiplicité des Loix produit, & nourrit une multitude de Procès.

Je ne prétends pas dire par là que les Loix ne doivent être que générales: ce feroit tomber dans l'extrêmité oppofée: le défaut de Loix produit le même éffet que leur exceffive multitude. L'on peut faire un petit nombre de Loix, que le bon fens & l'équité n'obligent pas de limiter par des exceptions; fans cela, les Juges fe trouvent fouvent dans la néceffité de les limiter eux mêmes, de leur chef: & cet ufage une fois établi, ils entreprennent de faire des limitations, toutes les fois que la fantaifie ou l'intérêt les y portent. Je dis feulement qu'il faut écarter des Loix tout règlement fuperflu, toute exception fans raifon; & les fimplifier, autant que les circonftances le permettent. Par exemple, on a fait des Loix fur les Codiciles, & les Teftaments privilégiés, pour obvier aux inconvénients qui réfultent des formalités teftamentaires: mais ne valoit-il pas mieux fimplifier les Teftaments?

Mon principe ne regarde pas non plus les Loix criminelles. Il eft poffible de prévoir tous les crimes, dans lesquels il y a une différence effentielle. Il faut donc ftatuer des

Loix

Loix pour tous les délits possibles, afin qu'il y ait des peines proportionnées à tous les crimes, qui diffèrent éssentiellemént entr'eux. Quand on peut ôter aux Juges la liberté des Jugemens arbitraires, il ne faut pas balancer un moment à les en priver : sans cela, il reste des cas où ils font les maîtres de la vie, de la réputation, & de la fortune dès hommes. La réponfe de Solon, qui, étant interrogé pourquoi il n'avoit pas décerné de peine contre les parricides, répartit qu'il croyoit ce forfait impoffible, (*a*) n'étoit qu'un tour d'efprit propre à éblouir, & non à excufer fon défaut de prévoyance. Dans cette partie de la Jurisprudence, tout doit-être réglé par les Loix : accufation, information, prife de corps, inftruction du procès, traitement du criminel, examen des témoins, confrontation, condamnation, exécution. Sans cela, les Juges peuvent fe permettre un caprice dans un acte de la procédure, & ce caprice péut être une cruauté, ou une tromperie, dont le Légiflateur eft refponfable, parcequ'il pouvoit la prévenir. C'eft par cette raifon que la plûpart de ceux qui adminiftrent la juftice criminelle font partout, à l'exception de l'Angleterre,

des

______

(*a*) Diogen. Laërce. Vie de Solon.

des bourreaux plus ou moins cruels, felon
que la Légiflation de chaque païs eft plus ou
moins parfaite.

Il n'en eft pas de même des Loix civiles:
Il fe fait tous les jours une infinité d'affaires,
il arrive tous les jours une infinité de cas,
que le Légiflateur le plus clairvoyant ne peut
pas prévoir. Si malgré cette impoffibilité,
il prétend tout régler, tout décider d'avance,
la rufe & la chicane s'empareront de fes
Loix: elles s'en ferviront à en détruire l'efprit
& les vuës, & les tourneront contre elles mêmes. C'eft ainfi que l'on en a agi avec les Loix
de Juftinien. Cet Empereur a fait plufieurs milliers de Loix fur les contracts ; il en a fabriqué tout autant fur les Teftamens, & fur les
Legs, fans parler des milliers qu'il a publiées
fur plufieurs autres matières. Il a cru prévenir par là toutes les injuftices, & toutes les
chicanes ; mais les Avocats fe jouent de lui:
car il n'y a pas de plaidoyer, où les défenfeurs
des deux parties ne citent de fes Loix en leur
faveur. Cette pratique a commencé, dès la publication de la compilation qui en a été faite:
on n'a qu'à voir les écrits innombrables des
Juriftes, & furtout les confultations légales des
Efpagnols, des Italiens, & des Allemands.

Cette multitude de Loix a produit un autre
in-

inconvénient; c'est que le petit nombre des bonnes, & même des excellentes qui s'y trouvent, sont comme noiées dans ce fatras, & ignorées de présque tout le monde, comme celles qui méritent de l'être. Ces inconvénients n'auroient pas eu lieu, si dans la matière des contracts, Justinien se fut contenté de préscrire certaines bornes au caprice des hommes; de régler quelles personnes pourroient s'engager dans chaque contract; de statuer par quelles raisons on pourroit annuller ces différentes espéces de contracts, & se dispenser de tenir ses engagements; & qu'en tout cela, il eut eu en vuë un certain but; suivi un certain plan, & n'eut consulté que la prudence & l'équité.

Mais quand on trouve, par exemple, que celui qui a prétendu acheter du vin, peut demander la cassation du contract, si le vendeur lui a donné du vinaigre au lieu de vin; & qu'il ne peut la demander, si celui-ci lui a donné du vinaigre, qui étoit originairement du vin (*a*); quand on y voit, que celui qui s'oblige par pacte n'est pas tenu de remplir sa promesse, & qu'au contraire celui qui garantit par pacte l'obligation d'un autre, ne fut elle

fon-

(*a*) L. 11. §. 1. D. de cont. emt.

fondée elle même que fur un pacte, eſt tenu de s'acquitter de fon engagement (*a*); quand on y lit, qu'il n'eſt pas permis de prêter de l'argent à un fils de famille, mais qu'il l'eſt bien de lui prêter des denrées, comme du bled, du vin &c. pour les confommer, & les rendre avec intérêt (*b*); quand on y entend prononcer, que le père ne peut pas promettre validement à fa fille, pour fa dot, de l'inſtituer héritière par égale portion avec fes freres & fœurs, & qu'il peut au contraire ôter aux autres freres & fœurs les deux tiers de fes biens, & les donner à une feule de fes filles (*c*); quand, dis je, ces minuties, ces abſurdités, & ces inconféquences fe rencontrent à chaque inſtant, peut-on fe mettre dans l'efprit que cet Empereur ait eu le fens commun, lorsqu'il a publié ces Loix ?

Il en eſt de même des Teſtaments. Les formalités qu'il faut y obferver, les perfonnes qui ont droit de teſter, les biens dont on peut difpofer, les perfonnes en faveur desquelles on peut ou on doit faire fon Teſtament, l'acceptation, la répudiation, la transmis-

(*a*) L. 1. & feq. D. de conſt. pecu.
(*b*) L. 3. D. de fen. Maced.
(*c*) L. 15. C. de Pac. & Tit. de inof. Dot.

miſſion de l'hérédité, voilà à peu près tous les objets des Loix Teſtamentaires. Juſtinien a donc fait deux grandes fautes: il a inutilement multiplié les objets des Loix Teſtamentaires, & il a répandu partout des inépties & des abſurdités affreuſes: nous en avons aſſés parlé en ſon lieu.

Ses Loix ſur la propriété des choſes ne ſont pas moins étranges. Il en a inféré dans ſa compilation, qui ne peuvent convenir qu'à une Republique parfaite, & il les a mêlées avec celles que l'on a faites ſous les Empereurs, & qui ſont rélatives en partie au Gouvernement monarchique, & en partie au Gouvernement Deſpotique. Il y a ajouté des doctrines abſurdes & inſenſées, puiſées dans les Juris-Conſultes Romains. Il faut conſulter ſur cela Schilter, dans la pratique du droit Romain, Noodt, Bynkershoek, & Heineccius. Ces Loix doivent être rélatives au Gouvernement, & à la conſtitution de chaque peuple: elles doivent ſe rapporter à ſes mœurs, à ſon commerce, à ſon induſtrie, au ſol de ſon païs. Dans un Gouvernement déſpotique, elles ſont plus favorables au Prince qu'aux ſujets: car la puiſſance & l'autorité de celui là doivent néceſſairement diminuer, à meſure que les Loix aſſurent à

ceux-ci

ceux-ci la propriété de leurs biens, dont la
perte ne devroit jamais être pour eux un fu-
de crainte, dans une Monarchie. Un Prince quelconque a tant de moyens de contenir
fes fujets, qu'il ne peut, fans abufer de fa
puiffance, les attaquer dans leurs biens. Ce
que je dis ici, ne regarde pas les peines pécuniaires, qui font indifpenfables dans tout Gouvernement; mais les confiscations, qui font
déteftables partout. Elles ruinent des familles innocentes, parcequ'elles tiennent par le
fang à un homme coupable; & fourniffent à
un Prince cruel, & à des Miniftres méchants,
mille prétextes de faire déclarer criminelles
les perfonnes les plus riches, celles qui leur
déplaifent, ou qui s'oppofent aux vuës de
leur ambition. Ce fiécle, fi vanté pour fes
lumieres & pour fon humanité, nous en fournit des exemples frappans. Je connois un
païs, où l'on a imaginé depuis peu un crime, qu'on apelle *expatriatio*, c'eft à dire le
crime de s'expatrier; & on l'y met au nombre des crimes de Lèze-Majefté. A l'aide de
cette invention, on fe faifit de tous les biens
non feulement de ceux qui vont par une né-
cesfité abfoluë s'établir ailleurs, mais même
de ceux qui, étant accufés d'un crime, fe
fauvent hors du païs, pour mettre leur vie
en

en sûreté, & n'être point flétris par un emprisonnement · prématuré, ou maltraités avant d'être reconnus coupables. Le Gouvernement de ce païs là n'eſt-il pas celui d'un Deſpote fourbe & cruel ?

Tout ce qu'un Monarque peut s'attribuer légitimement, c'eſt la propriété de ces biens qui, lorſqu'on les découvre, n'appartiennent encore à perſonne : comme les Iſles, qui ſe forment tout à coup dans la mer, les métaux, les pierres précieuſes, les tréfors &c. qui ſont enfouis dans les montagnes & dans la terre.

Dans les Républiques, les Loix de la propriété n'ont preſque en vuë que le bien des Citoyens : l'Etat n'y doit preſque pas ſonger : les confiscations ſurtout y ſont dangéreuſes. Quiconque a lu l'Hiſtoire Romaine, ſait aſſés quels terribles déſordres elles y ont cauſés.

Dans les Loix de Juſtinien, vous en trouvés qui adjugent les choſes, qu'on y apelle communes, aux particuliers que le hazard ou l'induſtrie ont aidés à les découvrir : on y en rencontre d'autres, qui adjugent ces mêmes choſes au Prince ; & d'autres, qui les adjugent au Public (*a*). Il y en a encore un

grand

(*a*) Voy. Schilter Prax. Juris Rom. in foro Germanico exerc. de mod. acq. Dom. Noodt Prob. L. 2.

grand nombre, qui concernent la confiscation des biens. C'eſt faire un mélange inſenſé de Loix, qui ont des principes oppoſés.

Dans un païs, où le Citoyen eſt maître des biens qu'il poſſède; où ſon droit n'eſt pas borné par des Loix, qui protégent les Fidei-Commis & les autres eſpèces de ſubſtitutions, qui veulent ſauver la dôt aux femmes, ou qui tendent à conſerver les biens d'une famille dans la famille, les Loix ſur la propriété ne peuvent être que ſimples & peu nombreuſes.

Elles ſont plus ſimples & moins nombreuſes encore, dans les païs où il y a peu de commerce, peu d'induſtrie, peu de terrein, & de culture.

Les Juris-Conſultes Romains, & Juſtinien après eux, ont cru établir un principe très ſimple à l'égard de la propriété des choſes, en ſtatuant que le principal devoit emporter l'acceſſoire. C'eſt ſur ce principe qu'ils ont fondés ces déciſions abſurdes, que l'édifice devoit céder au ſol ſur lequel un autre l'avoit bâti, ſoit de bonne, ſoit de mauvaiſe foi; qu'une pierre précieuſe quelconque devoit céder au propriétaire de l'anneau, dans lequel un autre l'avoit enchaſſée; que la pourpre devoit céder à la robe où on l'avoit

voit mife pour doublure; & que l'écriture devoit demême céder au papier qui n'appartenoit
pas à celui qui avoit écrit deſſus, &c. (*a*). Ce
principe pourroit paſſer dans une ſociété de
voleurs, mais non dans un Etat policé. La
bonté des Loix ne conſiſte pas toujours dans
leur ſimplicité: il ne ſuffit pas non plus qu'un
principe ſoit ſimple; il faut encore qu'il ſoit
vrai, & qu'on n'en tire pas plus de conſé-
quences, qu'il n'en admet par ſa nature.
Grotius, Pufendorf, Heineccius, & bien d'autres Auteurs modernes ont remarqué & cor-
rigé ces abſurdités du Droit Romain. Il n'y a
rien à ajouter à ce que ces judicieux Ecrivains
ont dit ſur le droit de propriété.

J'ai beaucoup parlé des abſurdités & des
incohérences qui ſe trouvent dans les Loix,
que Juſtinien a publiées ſur les mariages: en
voici une autre. Il tolère le Concubinage,
& il ſévit contre les ſecondes Nôces (*b*): il
n'eſt pas même favorable à un premier hymen.
N'y a-t-il pas une contradiction manifeſte dans
l'eſprit de cette Légiſlation? N'a-t-il pas d'un
côté

(*a*) Voy. Inſt. Liv. **2**. Tit. **1**. Heinec. ibid. & Di-
ges. Cod. & in exerc. ad Pufendorf & ad Grotium.

(*b*) On n'a qu'à conférer les Titres de *Concubinis*
avec le Titre des ſecondes Nôces.

côté porté indirectement les gens au Concubinage, tandis que de l'autre il a taché de
les éloigner du mariage ?

La manie, qu'avoit Justinien de faire des
Loix en tout genre, le porta à en faire aussi sur
les preuves, & sur la manière de prouver,
qui est la matière du monde la moins susceptible de Loix. Les anciens Romains n'avoient
pas de Loix sur cela : ils savoient trop bien
que c'est le bon sens, la prudence, & l'équité
qui doivent décider de la solidité & de la valeur des preuves; & que le bon sens & la
prudence n'ont plus de droits, dès qu'ils sont
eux mêmes soumis à la Loi. Chez ce peuple éclairé, quelquefois le témoignage d'un
seul homme suffisoit pour absoudre ou condamner ; d'autrefois la déposition unanime de cent personnes n'étoit comptée pour
rien : on en voit des exemples dans Valère Maxime (a), dans l'Art oratoire &
les Harangues de Cicéron, & dans les livres des Historiens. Ils savoient que les
grandes passions font le partage des plus
grands hommes, comme les foiblesses sont
l'apanage des petits: ainsi ils se défioient également de la grandeur des uns, & de la petitesse
des

(a) Valere Maxime L. 8. C. 5.

des autres, & ils abandonnèrent en conféquence l'examen des preuves à la difcuffion
des Orateurs, & aux lumières des Juges. Cicéron eut beau jurer, tout grand homme &
tout Conful qu'il étoit, que Clodius avoit été
à Rome, & qu'il lui avoit même parlé, le
jour dans lequel on l'accufoit d'avoir commis
un facrilège, on ne le crut pas; & on accorda à Clodius, malgré fa méchanceté notoire,
la liberté de prouver qu'il avoit été abfent
ce jour là (*a*). C. Cornelius fut accufé du
crime de Lèze-Majefté; les plus grands perfonnages de la République dépofoient unani-
mement contre lui, mais leurs dépofitions ne
furent pas écoutées: on favoit que les grands
hommes ont de grandes vengeances: on voulut d'autres preuves contre Cornelius, &
comme les accufateurs n'en purent pas produire, on fe détermina à l'abfoudre (*b*).
Cicéron, dans fa défenfe, fit beaucoup valoir la bonne conduite que l'accufé avoit tenuë
toute fa vie, & il prétendit que le témoignage
de fes mœurs devoit l'emporter fur celui
que les témoins de l'accufateur rendoient
con-

(*a*) Plutarque vie de Cicér.
(*b*) Valere Maxime L. 8. C. 5. n. 4.

contre lui, quelques grands & refpectables qu'ils fuffent d'ailleurs (*a*).

Les Loix de Juftinien, par raport à la preuve par témoins, font des plus abfurdes. Suivant elles, il faut fept témoins, pour prouver un Teftament: il en faut cinq, pour prouver un leg, quelque petit qu'il foit: & il n'en faut que deux, pour priver un homme de tous fes biens, & le faire condamner à mort; pourvû feulement que ces témoins foient exempts des vices qui ne fe trouvent ordinairement que parmi des gens de la lie du peuple, & qu'ils ne foient pas des infâmes & des débauchés (*b*). Mais ce n'eft pas le libertinage, qui porte les hommes aux plus grands parjures; c'eft la haine, la jaloufie, l'envie, l'ambition, la foif des richeffes dans les hommes en place, même dans ceux qui font le plus confidérés dans l'Etat. Il eft vrai que ceux-ci n'iront pas porter de faux témoignages contre un pauvre homme, qui ne les intéreffe en rien; mais ils ne fe parjureront que trop, quand il s'agira de quelque grand qu'ils haïffent. Ainfi, la Loi qui oblige à croire deux témoins, unanimes dans leurs dépofi-

(*a*) Cicer. pro C. Cornelio. Afcon. Pedian. ibid.

(*b*) Voy. les titres de teftibus & de probationibus dans le Digefte & dans le Code.

pofitions, eft infenfée ; & elle l'eft encore
plus, quand on la compare avec les Loix fur
les Teftaments & fur les Legs. Tout ce
qu'un Légiflateur peut faire de mieux dans
cette partie, c'eft de montrer aux Juges
quelles fortes de preuves ils doivent regarder
comme infuffifantes, & de ne leur préfcrire
jamais à quelles preuves ils doivent acquies-
cer.

Les Prêtres Catholiques ont établi que,
dans un Teftament fait en faveur des Eglifes,
ou de quelque caufe pieufe, la préfence
d'aucun témoin n'eft néceffaire ; que l'écriture du n... fuffit, & même celle du Curé (a).
Cette méchante Légiflation, qui vient en
partie des Loix Canoniques, & en partie des
Docteurs Canoniftes, eft tout à fait conforme
à leur caractère, à leur avarice, & à la
tirannie qu'ils ne ceffent d'exercer fur les
brebis dont ils fe difent les Pafteurs. N'a-
voient-ils pas ftatué autrefois que celui qui
mourroit, fans laiffer une portion de fes biens
à l'églife, feroit privé de la communion &
de la fépulture ; que fi quelcun venoit à
mourir fans Teftament, les parents nomme-
roient,

(a) Voy. Cap. 10. & 11. de Teftam. Kaiffenftuel
Jus Can. tit. de Teftam.

roient, conjointement avec l'Evêque, des arbitres pour fixer ce que le défunt auroit du donner ; & qu'un homme ne pourroit coucher avec sa femme, la premiere nuit de ses nôces, ni même les deux suivantes, sans en acheter la permission (*a*)?

De toutes les preuves, celle du serment est la plus foible ; & de toutes les Loix, les plus ridicules sont celles qui l'admettent. Il y a long-temps que nous sommes présque tous Grecs ; & Polybe dit que dix sermens les plus solemnels ne font pas dire la vérité, ni tenir sa parole, à un Grec. Cependant dans nos Tribunaux, on défère le serment aux criminels, pour inculper les autres, & se disculper soi même. Mais est-il possible qu'un homme, qui se trouve entre les mains du Juge, songe plus au mal de perdre son ame, qui n'est encore pour lui qu'un mal éloigné, réparable, & peut-être douteux, qu'à celui qu'il a actuellement devant les yeux, & qu'il ne peut éviter que par un parjure? On défère le serment jusqu'aux filles débauchées, pour savoir le père de l'enfant dont elles sont accouchées,

(*a*) Boutillier somme rurale tit. 9. Bauman Chap. 11. Ragau Glossaire du Droit François, au mot exécuteurs Testamentaires.

couchées : comme s'il étoit dans la nature
des chofes qu'une fille, qui a perdu toute
pudeur (ce qui dans ce fexe eft le renon-
cement de toutes les vertus) puiffe dire la
vérité : comme s'il n'étoit pas probable qu'u-
ne telle fille fe portera plus volontiers à accufer tout autre, que celui pour qui elle a le
plus d'affeƈtion, & qui eft ordinairement le
véritable père.   Nous devons encore ces
fottifes aux Canoniftes : & on ne fonge pas à
les corriger, malgré la facilité qu'on a d'y
fubftituer des réglements plus fages.

Je reviens à Juftinien : qu'il étoit imbécille, cet Empereur ! Il poffédoit de grands
Etats en Europe, en Afie, & en Afrique ;
les peuples, qui les habitoient, étoient les
uns Commerçans, les autres Agricoles, d'autres Pafteurs ; le Sol de ces Pays étoit aride
en certains endroits, & fertile dans d'autres ;
ici, c'étoient des habitations fur le bord de la
mer ; là, de vaftes continents ; ailleurs, des
plaines arrofées de grandes rivières, ou des
montagnes coupées de torrents. Cependant
malgré ces différences très importantes, il voulut que fes Loix ferviffent également à tous fes
Etats, & à tous fes fujets. Mais ces Loix ont-
elles feulement entre elles quelque rapport ?
Aucun. Comme il les a prifes des anciens Ju-

                              ris-

risconfultes Romains, dont les uns vivoient du tems de la République, les autres fous des Monarques, & d'autres encore fous des Despotes, elles fe rapportent en partie au Gouvernement Républicain, en partie au Monarchique, & en partie au Despotique. Il eft évident que les Loix ne font bonnes, qu'autant qu'elles conviennent aux païs, & aux peuples pour lesquels elles font faites; & que les meilleures peuvent devenir abfurdes & nuifibles, dès qu'elles ne s'accordent pas avec les qualités, l'état, & la fituation des hommes pour qui elles font deftinées. Or les divers Etats, & les peuples foumis à Juftinien, étoient à mille égards très differents entre eux: il ne falloit donc pas leur donner les mêmes Loix. Cependant ces peuples étoient foumis au même Monarque: il ne falloit donc pas leur donner des Loix qui ne convenoient qu'au Gouvernement Républicain, ou à un Gouvernement Despotique. Par exemple, fes Loix fur les Teftaments & fur les fucceffions ab inteftat, ne font pas propres à une Monarchie. Il veut que le père puiffe ôter à fes enfans les deux tiers de fes biens, s'il n'en a pas plus de quatre; & la moitié, s'il en a cinq, ou plus: ce qui reduit chacun de ces

enfants

enfants à rien ; & que les femmes aient droit
de fuccéder ab inteſtat, par égales portions
avec les mâles. Cela ne convient guères à un
Etat, où un Prince a befoin du Corps de la
Nobleſſe pour fe foutenir, & que les membres de ce Corps foient riches & puiſſants ;
car ces Loix détruifent ces richeſſes, & tendent à établir l'égalité. Or l'égalité des biens,
& les Loix propres à l'établir & à la conferver, conviennent plutôt à une République.
Elles peuvent cependant convenir auſſi à une
Monarchie, lorſque le Prince eſt porté, par
les circonſtances, à faire plus de cas du commerce & de l'agriculture que du Corps de la
Nobleſſe ; attendû que l'efprit du commerce
exige que les Loix favorifent la diviſion des
fortunes, à mefure que le commerce les groſſit :
qu'elles laiſſent acquerir aux pauvres une aſſés
grande aifance, pour travailler comme les
autres : qu'elles ne s'oppofent pas aux caprices des riches, & qu'elles leur ouvrent des
voyes pour fe ruiner, au point qu'ils foient enfuite forcés de recourir au travail, pour conferver le reſte de leurs biens, ou pour en acquérir de nouveaux. L'efprit d'égalité eſt auſſi favorable à l'agriculture, parcequ'il empêche les
terres de s'accumuler dans une même maifon :
ce qui produit l'indolence, la pareſſe, le

luxe,

luxe, & la débauche, vices si contraires à la culture des terres.

Justinien, après avoir appellé les femmes à une succession égale avec les mâles, admet pourtant les Fidei-Commis & les autres substitutions. La prémière de ces Loix est faite pour une République, comme nous venons de le voir; & la seconde, pour une Monarchie, parcequ'elle favorise la conservation des biens dans les familles. L'esprit de ces Loix est donc en opposition, & elles viennent pourtant du même Législateur.

Voici les principales matières, dans lesquelles il est sur-tout nécessaire d'avoir égard aux différentes circonstances, aux qualités, & à la situation des peuples pour lesquels on fait des Loix civiles; la puissance paternelle; la servitude; les mariages; les droits du mari, & de la femme; les divorces; l'âge de la minorité; le pouvoir des Tuteurs & des Curateurs; les intérêts pour prêt; les dôts; les Testaments; les substitutions; les successions ab intestat; la procédure; les peines pour les délits. Mr. de Montesquieu a dit d'excellentes choses sur tous ces sujets: mon dessein n'est pas de le copier.

Comme il est naturel que les mêmes Loix ne peuvent pas servir à tous les peuples, &

qu'il

qu'il eft abfolument indifpenfable qu'elles varient, felon les différentes circonftances où fe trouvent les différents peuples pour qui elles font faites, il eft auffi néceffaire que les Loix d'un même peuple fubiffent des changements, lorfque le tems, & les révolutions auxquelles les Nations font expofées, lui ont fait changer de moeurs, de manières, d'inclinations, d'induftrie, & de moyens de fubfifter. C'eft alors au nouveau Gouvernement à faire des Loix nouvelles; & fi ce Gouvernement eft éclairé, il fera fes nouvelles Loix, fans avoir aucun égard aux anciennes : il commencera même par les abolir; & s'il juge à propos d'en conferver quelques unes, ce ne fera pas parcequ'elles font anciennes, mais parcequ'elles font bonnes, même après la révolution. Il n'y a rien de pire que la méthode obfervée dans les Confeils des Princes, depuis quelques fiécles jufqu'à préfent : on y a laiffé fubfifter d'anciennes Loix, qui ne convenoient qu'aux anciens peuples : on en a même fait revivre qui étoient déja hors de tout ufage, qu'on avoit entièrement oubliées, & que des mœurs & des ufages oppofés avoient anéanties. On ne tarda pas à fentir les mauvais éffets de cette folie. On fit de nouvelles Loix; mais on les enta fur les anciennes:

ciennes: on coupa quelques mauvaifes branches, mais on laiſſa ſubſiſter le tronc, qui ne
ſçauroit en produire de bonnes: on jetta au
loin quelques mauvais fruits, mais on n'en
changea pas la ſemence. C'eſt ainſi que les
Légiſlateurs pareſſeux & ſtupides font les
Loix; c'eſt ainſi qu'ils pourvoient au bien de
leurs peuples.

Les Loix de Rome ſur les délits n'ont jamais rien valu. Celles des Rois & des Décemvirs contenoient des diſpoſitions trop
cruelles : on y condamne les Citoyens à la
mort & au fouet, tantôt pour des fautes légères, tantôt pour des crimes qui n'ont jamais exiſté, & tantôt pour des délits qui ne
font pas grand mal à la ſociété. Par exemple, on avoit dicté la peine de mort, contre
ceux qui auroient arraché ou tranſporté une
borne du champ d'un particulier ; contre
ceux qui auroient volé, dans le champ d'autrui, du bled qui n'étoit pas encore meur ;
contre ceux qui auroient enlevé par des enchantements les fruits, les légumes, ou le
bled du champ d'un autre ; contre ceux qui
auroient compoſé un libelle, ou un poëme
ſatyrique (a).

Les

(a) Voy. Gothofred & Gravina ad LL. 12. Tabul.
Tab. 7.

Les Loix Porcia & Sempronia abolirent
toutes les peines de mort, pour quelque crime que ce fut: on le voit affés clairement dans
ledifcours que Céfar prononça dans le Sénat,
lorfqu'il fut queftion de punir les complices
de Catilina (b), & dans la troifième harangue
de Cicéron, contre ce même Catilina & fes
complices. Dès-lors, l'exil commença à être
la plus grande peine d'un Citoyen Romain:
mais qu'étoit cette peine, pour un homme
qui confervoit fes biens ·pendant fon abfence
de fa patrie, & qui pouvoit efpérer d'être
bientôt rappellé de fon exil, par le moyen
de fes protecteurs? Après la publication de
ces Loix, quand le Sénat vouloit faire mourir
quelque Citoyen pernicieux à la République,
il étoit obligé de faire naître des tumultes
parmi le peuple, pour que le criminel fut
tué dans la mélée; ou bien il devoit avoir
recours à des fophifmes, pour éluder la dis-
pofition de la Loi. Cicéron, dans la vue de
difpofer le Sénat à condamner à mort les
complices de Catilina, dit que des Citoyens,
qui avoient conjuré la deftruction de leur Patrie, n'étoient plus Citoyens (b); & que
par

(a) Voy Sallufte dans la guerre de Catilina.
(b) Cicer. orat. 3· in Catilin.

par conséquent les Loix Porcia & Sempronia n'avoient pas lieu à leur égard.

Mais si les Loix, qui concernoient les peines, étoient mauvaises chez ce peuple, celles qui régloient la procédure criminelle étoient excellentes : du moins l'ont-elles été depuis le commencement de la République jusques vers sa fin : j'en ai déja dit les raisons.

Fin du Traité des Loix Civiles.

APPENDICE

OU

DISSERTATION.

Sur l'état de l'Agriculture chez les Romains, & son influence sur leurs Loix, leurs Mœurs, leur Gouvernement, & leur Commerce (*).

ROmulus, élevé à la campagne, & habitué à la chasse, à la course, & aux combats avec les voleurs, n'eut guères d'attache-

(*) Cette Dissertation n'étoit pas d'abord destinée à entrer dans ce Traité, attendu que le sujet qu'on y discute a plus de raport aux Loix politiques qu'aux Loix Civiles, & que celles-ci sont seules l'objet de cet ouvrage. Mais en considérant de plus près l'extrême influence que l'Agriculture a eu chés les Romains sur leurs mœurs, leur gouvernement, leur commerce, &

tachement que pour les travaux champêtres, & pour la guerre. Ces inclinations, jointes à l'éducation qu'il avoit reçuë à Gabies (*a*), le dirigèrent dans la Légiſlation qu'il donna à ſon peuple. Par ſes Inſtitutions, il ne permit d'abord aux gens libres que deux exercices, l'agriculture, & la guerre. Il ne regarda qu'avec mépris les arts méchaniques & les métiers : il ſentoit que ceux que leur profeſſion tenoit attachés aux atteliers & aux boutiques,

par là même ſur leurs Loix Civiles, j'ai cru qu'on ne me ſçauroit pas mauvais grè de la trouver ici, pour une plus grande intelligence de l'eſprit de ces Loix. Je me ſuis déterminé d'autant plus volontiers à l'inſérer dans ce Traité, qu'elle répand un plus grand jour ſur le Chapitre troiſième, & qu'en aprofondiſſant de nouveau certains points d'hiſtoire rélatifs à ce Chapitre, j'ai eu occaſion de faire ce qui arrive à tout Ecrivain ami du vrai, qui retourne & remanie ſon ſujet, c'eſt-à-dire, de rectifier mon ſentiment ſur l'un ou l'autre de ces points. J'avoue que cela m'a jetté malgré moi dans quelques répétions ; mais outre qu'elles étoient abſolument néceſſaires, pour ne pas rompre la liaiſon des matières, je me flatte qu'on ne ſera pas fâché de voir dans un ſeul point de vuë, ce qui a été comme l'ame de toute la Légiſlation de la Nation la plus célèbre de l'Univers : tableau que je ne ſache pas avoir encore été tracé par perſonne.

(*a*) Plutarque vie de Romulus.

ques, n'étoient guères propres à manier les armes, à faire des courſes, à ſupporter la faim & la ſoif, à réſiſter aux fatigues; & que l'exercice de ces arts menoit au vice, en fomentant la cupidité, & en énervant le corps & l'eſprit. Comme il avoit en vuë de faire paſſer ſon Etat de la petiteſſe à la grandeur, il ne voulut confier les armes qu'à ceux qui ſavoient conduire la charruë, ni donner des champs qu'à ceux qui étoient propres à les défendre, & à en reculer les limites. Dans cette vuë, il partagea dabord le terrein de ſon nouvel Etat en trois portions. Il en reſerva une pour l'entretien des Temples, & pour les ſacrifices; il en deſtina une autre à faire le fond des deniers publics; & il diſtribua la troiſième, qui étoit la plus conſidérable, entre les Citoiens de condition libre, qu'il avoit alors pour ſujets, & donna ainſi à chacun d'eux un petit champ en propriété (*a*). Il régla en même temps que les arts méchaniques ne ſeroient exercés que par des étrangers & des eſclaves (*b*): ce qui convenoit d'autant mieux à l'état actuel des Romains

(*a*) Denys d'Halicarnaſſe L. 2.

(*b*) Denys d'Halicarnaſſe L. 2. p. 2. de l'édition de Bâle. Sellularias quidem, ac ſordibus & turpibus cupidita-

mains, que ne faifant encore que de s'établir, & n'étant que peu nombreux, il leur
étoit facile de fe paffer d'un grand°nombre
d'artifans. D'ailleurs, leur Cité naiffante étant
entourée de différentes villes, comme Albe, Lanuvium, Veïes, Médullie, & vivant
alors en paix avec tous leurs voifins, ils
pouvoient y aller chercher à leur aife tout
ce qui leur manquoit. Mais bientôt après,
ce peuple s'accrut confidérablement, tant par
le concours volontaire des étrangers qui venoient à Rome de toutes parts, que par le
tranfport des prifonniers que Romulus fit fur
les Nations, à qui la jaloufie & la haine
avoient fait prendre les armes contre lui, &
qu'il défit. Pour lors, il ne lui fut plus pos-
fible de donner des champs à tous fes fujets,
attendû que le nombre en étoit plus grand
que celui des morceaux de terre qui reftoient.
Il en diftribua aux plus notables d'entre ces
nou-

piditatibus fubfervientes artes, & corporibus atque
animis tractantium noxias fervis & exteris exercendas
tradidit: longoque tempore pudori fuerant Romanis
opera talia, omnibus ingenuis pertinaciter abftinenti-
bus: duo verò tantùm illis reliquit ftudia, rei milita-
ris, rufticæ; quippe qui videret hæc vitæ genera ven-
tri & illicitæ veneri minus obnoxia.

nouveaux habitans, & il laiſſa aux autres la
liberté d'exercer les métiers qu'ils ſavoient·
Cette derniere claſſe fut mépriſée, parcequ'elle étoit la plus vile par ſon origine, &
que la Légiſlation de Romulus la rendoit telle.   C'eſt pour cela que les Romains ont
toujours   regardé dès - lors avec mépris
les artiſans, & même les marchands en
détail.

Dans l'expoſition de ce réglement de Romulus, je n'ai pas cru devoir m'en raporter
entièrement à Denys d'Halicarnaſſe, qui dit
que Romulus défendit ſimplement tout exercice des arts méchaniques aux Citoyens de
Rome , & qu'il ne le permit qu'aux eſclaves, & aux étrangers (a). Cette Inſtitution pouvoit avoir lieu dans le commencement, lorſque Romulus n'avoit encore que
trois mille hommes de pied, & trois cent
chevaux tout au plus. Mais depuis que ſon
peuple ſe fut accru au point que l'infanterie
ſe montoit à quarante ſix mille hommes, &
la cavalerie à plus de mille, cette Inſtitution n'étoit plus pratiquable , par les raiſons que je viens d'indiquer. Auſſi le récit
de Denis d'Halicarnaſſe ne s'accorde-t-il pas
avec

____

(a) Denys d'Halicarnaſſe L. 2. loc. cit.

K 3

avec ce que Plutarque rapporte de Numa (*). Ce dernier Auteur obſerve, dans la vie du ſucceſſeur de Romulus, que peu de temps après ſon avénement au Trône, il distribua les Citoyens du bas peuple en différentes Claſſes, par arts & métiers, comme orfévres, charpentiers, teinturiers, & autres artiſans pareils : ils étoient donc déja établis à Rome, du temps de Romulus ſon prédéceſſeur.

Ce que nous venons de dire nous conduit à combattre le préjugé, que pluſieurs Ecrivains modernes ont établi, ſçavoir, que Romulus donna des terres à tous ſes Citoyens ; que dans cette répartition, les portions de chacun d'eux furent égales ; & que, ſelon l'eſprit de cette Légiſlation, aucun Citoyen ne devoit poſſéder plus de terrein que les autres. On fonde cette opinion ſur
l'au-

(*) Denys d'Halicarnaſſe ne s'accorde pas non plus avec lui même : car au même livre 2. il dit: Legibus latis proeſcripſit quid utriſque faciendum : ut Patricii ſacra curarent, Magiſtratus gererent, jus redderent, ſecum Rempublicam adminiſtrarent, res urbanas obirent. Plebeii verò ab his negotiis immunes, quippe qui talium imperiti eſſent ; nec vacarent eis propter inopiam, agros colerent, pecora alerent, exercerent quæſtuoſa opiſicia.

l'autôrité de Dénis d'Halicarnaffe & de Pline.
Le premier rapporte (*a*), que Romulus partagea d'abord tout le peuple en trois corps,
qu'il nomma *Tribus*; qu'il divifa enfuite chaque
corps en dix autres, qu'il appella *Curies*; &
qu'après ce partage, il diftribua les terres en
trente portions égales, dont il donna une à
chaque Curie. Le fecond affure que ce Roi
ne donna pas plus de deux arpens à chaque
Citoien (*b*). Mr. de Montefquieu a adopté
ce fentiment; il le répéte fouvent dans fon
Efprit des Loix, & dans fes *Confidérations
fur les caufes de la grandeur des Romains*; &
il déduit de ce principe divers raifonnemens,
plufieurs propofitions, & nombre d'explica-
tions de différentes Loix Romaines. Cependant rien n'eft plus faux que tout cela. Il
eft certain que, fous Romulus même, le plus
grand nombre des Citoyens ne poffédoit pas

de

(*a*) Denys d'Halicarnaffe L. 2.

(*b*) Pline Hift. Natur. L. 18. Ch. 2. Bina tunc jugera populo Romano fatis erant, nullique majorem mo-
dum (Romulus) attribuit. J'ai traduit ce mot de jugerum par celui d'arpent, pour fuivre l'ufage reçu,
quoiqu'il y ait bien de la différence dans la mefure de
nos arpens & celle du jugerum Romain. Nous montre-
rons plus bas quelle étoit la mefure d'un arpent de
terre, c'eft-à-diré d'un jugerum chez les Romains,

de biens-fonds. Quel moyen ce Prince auroit-il eu de donner dans un Etat auſſi borné
que le ſien, un morceau de terre, quelque
petit qu'il fut, je ne dis pas à près de cinquante mille Citoyens, mais ſeulement à la
moitié d'entre eux? Après avoir ſubjugué
Fidénes & Caméne, ne tranſporta-t-il pas
un grand nombre de Citoyens de Rome dans
ces deux villes, pour leur y repartir les terres, qu'il avoit enlevées à leurs habitans
vaincus? Ces Citoyens ne poſſédoient donc
pas des biens-fonds auparavant; ou s'ils en
avoient poſſédés, ceux qui les y remplacè-
rent n'en avoient pas eu juſques là. Je
veux que Romulus ait diſtribué des terres
entre ſes ſujets, lorſqu'il en avoit : mais pou-
voit-il en avoir aſſés, pour en donner à près de
cinquante mille Citoyens qui lui reſtérent, après
qu'il en eut tranſporté tant d'autres ailleurs?

Nous verrons bientôt que Numa entreprit
un nouveau partage, & qu'il ne put encore
contenter tous ceux qui, manquant de terres & de tout autre moyen de gagner leur
vie, étoient réduits à labourer les champs
d'autrui. Les artiſans ne poſſédoient pas non
plus des biens-fonds, comme nous venons de
le faire voir; & c'eſt ce qui paroitra encore
plus évidemment dans la ſuite.

Il

Il n'eſt pas moins conſtant que les Patriciens obtinrent dès le commencement, &
même lors du premier partage, des portions
de terre plus grandes que celles des plébeïens. On ſçait que Romulus, dans le réglement qu'il fit par rapport aux rangs, aux
honneurs, & aux emplois de ſes ſujets,
ſépara, ſelon Denys d'Halicarnaſſe, les perſonnes notables par leur naiſſance, leur
mérite, ou leurs richeſſes, telles qu'elles
pouvoient être dans ce tems là, de ceux
qui n'avoient ni nobleſſe ni biens, & qu'il
donna à ceux-ci le nom de plébeïens. Enſuite, il établit un Sénat, compoſé de cent
Citoiens, des plus ſages & des plus diſtingués
parmi la Nobleſſe. De plus, il leva une Compagnie de trois cens hommes, pour la garde
de ſa perſonne, & pour les beſoins preſſans
de l'Etat : il les prit dans les plus illuſtres familles, & ils devoient toujours être ſous
les armes (*a*). Ces Patriciens, ces Sénateurs, & ces Chevaliers auroient-ils pu ſubſiſter,

(*a*) Denys d'Halicar. L. 2. Illuſtres genere & vir-
tute celebres, opibusque, ut tunc ferebant tempora,
abundantes quibus eſſent liberi, ſecrevit ab obſcuris,
egenis & humilibus : inferioris fortunæ homines ple-
beïos vocavit.

fifter, fi Romulus ne leur eut donné que
deux arpens de terre, comme à ceux du
menu peuple? Quelle apparence d'ailleurs
que des gens riches fe fuffent contentés d'un
morceau de terrein fi modique? Ils feroient
infailliblement retournés dans les païs, d'où
ils étoient venus, puifque rien ne les forçoit
de fe fixer dans la nouvelle Colonie. Denys
d'Halicarnaffe & Plutarque difent que Romulus emmena avec lui, en partant d'Albe, plufieurs perfonnages des plus illuftres
familles de cette ville opulente, qui étoit
la Métropole de trente villes du Latium,
toutes forties de fon fein (a). Ces perfonnages n'auroient-ils pas tous quittés Romulus, après un partage fi choquant pour
eux? Si ce Prince n'avoit donné, aux Sénateurs & aux Chevaliers, que deux arpens de
terre, ils n'auroient pas pu vacquer à leurs
emplois dans la ville: la néceffité de gagner leur fubfiftance les auroit forcés d'aller
cultiver eux mêmes leurs champs, attendû
que le Roi n'avoit attaché à leurs charges
ni appointemens, ni aucun autre profit qui
les mit en état d'affermer leurs terres à
d'autres Citoyens, ou de les faire ex-
ploiter

(a) Denis d'Halicarnaffe L. 2.

ploiter par des mercénaires , ou des efclaves.

Si l'on confidére le Cens , inftitué par Servius Tullius, on fe confirmera encore d'avantage dans ce fentiment. Ce Prince, qui établit le prémier dans Rome l'ufage de faire le dénombrement du peuple, par où l'Etat pouvoit connoître la fituation de fes affaires, & le degré de fa puiffance, plaça à cette occafion, dans la premiere Claffe, ceux qui n'avoient pas moins de cent mille *as* d'airain en fond, c'eft-à-dire fept mille fept cents trente livres tournois (*). Les autres Claffes comprenoient ceux qui en avoient moins à proportion ; & la cinquième contenoit ceux qui avoient pour tout bien, huit cent quarante livres. Or l'intervalle d'un feul fiécle & demi, qui fe trouve entre Romulus & Servius Tullius, n'auroit pas pu, dans une ville fans commerce, & fans autres arts que ceux de prémière néceffité, mettre tant de différence dans les facultés des particuliers, fi elles avoient été égales au commencement. Selon toute apparance, les Citoyens, que Servius rangea dans la cinquième Claffe, étoient ceux qui n'avoient pas plus de deux arpens de terre

en

(*) J'ai fuivi en cela la fupputation d'Arbuthnot, dans fon Traité intitulé Tables of ancient Coins &c.

en propre : voici la raiſon de ma conjectu-
re. Du tems de Columelle, un arpent de
terre, *jugerum*, dans les environs de Rome,
valoit communément 1540. livres, à en juger
par ce que cet Auteur dit au Chapitre 3. du
L. 3. au ſujet du prix d'un eſclave vigneron.
Cela me perſuade que du tems de Servius,
où il y avoit très peu d'or & d'argent à Rome, où la monnoye n'étoit que de cuivre,
où les choſes ne valoient pas le tiers de ce
qu'elles valoient au tems de Columelle, celui qui avoit des biens pour la valeur de 840
livres pouvoit bien poſſéder deux arpens
de terre, avec une cabane, & le bétail
néceſſaire au labourage. Encore un ſiécle après, un bon veau ne valoit qu'une
livre, & un bœuf pas plus de ſix, comme le remarquent Feſtus & Plutarque,
dans la vie de Valerius Publicola. Au
reſte mon ſentiment ne déroge point à
l'autorité de Denys d'Halicarnaſſe. Cet Hiſtorien raconte ſeulement que Romulus,
dans le partage qu'il fit des terres entre les
Curies, garda une parfaite & entière égalité :
ce qui n'empêche pas que, dans la ſubdi-
viſion de ces terres, les Curies n'aient été
obligées d'aſſigner des portions plus grandes
aux Patriciens, que chacune d'elles renfermoit

moit dans fon fein. Quant au témoignage de Pline, fon auteur eft trop récent
pour embaraffer : & d'ailleurs le laconifme
de fon ftyle a très bien pu être la caufe qu'il
fe foit exprimé avec peu d'exactitude, fur un
fujet qu'il n'étoit pas occupé à approfondir,
& dont il ne parloit qu'accidentellement.

La diftinction, que Romulus mit entre les
Patriciens & les plébeïens, tant par raport
au rang qu'à l'égard de la mefure des champs,
l'engagea à imaginer un expédient qui pré-
vint la jaloufie & la haine, que la diverfité
des conditions & des biens pouvoit exciter
entre ces deux Ordres. Cet expédient, fut
l'établiffement du droit de patronage, qui,
par des liaifons & des bienfaits réciproques,
devoit les unir, & maintenir entre eux une
parfaite harmonie. Ce Prince ordonna que
les plébeïens pourroient fe choifir chacun à
fon gré, parmi les Patriciens, tel Patron en
qui il auroit le plus de confiance, Et afin
d'atteindre fûrement fon but, il régla que les
Patrons feroient obligés d'expliquer à leurs
Cliens les Loix; que leur aplication à l'agriculture ou à leurs métiers empêchoit de connoître & d'entendre; de prendre foin de
leurs affaires, tant dans la ville qu'à la campagne; de les diriger dans leurs contracts &
dans

dans l'emploi de leur argent, & d'empêcher qu'on ne leur fit aucun tort; de les défendre en juftice contre leurs accufateurs; &
de, les inftruire, & les foutenir dans leurs
procès civils. On voit par là que cette Inftitution du droit de patronage tendoit, dans
le même tems, à procurer aux agriculteurs,
aux pâtres, & aux artifans, toute la tranquillité dont ils avoient befoin, pour n'être pas
détournés par des affaires publiques ou particulières de leurs occupations. Les Cliens,
de leur côté, devoient aider leurs Patrons à
payer la dôt de leurs filles, & les fraix des
procès, ou les amendes pécuniaires auxquels
ils pourroient être condamnés, en cas que
ceux ci ne fuffent pas en état de foutenir ces
dépenfes par eux mêmes. Ces Cliens étoient
encore obligés de les racheter, eux & leurs
enfants, lorsque les ennemis les avoient traînés en captivité, & d'entrer dans toutes les
dépenfes que les Patrons devoient faire pour
exercer leurs charges. Dans la fuite, ce droit
tourna infiniment plus à l'avantage des Nobles
que des plébéïens. Les Clients qui en fouffrirent le moins, furent les gens de la campagne, parceque n'étant pas riches eux mêmes, ils ne donnoient que peu, & qu'enfuite des foins que leurs Patrons prenoient de
leurs

leurs affaires dans la ville, ils pouvoient se
livrer entierement à leurs occupations à la
campagne. Servius établit dans la suite, par
une Loi expresse, qu'un Patron qui frauderoit
son Client, seroit exécrable, c'est à dire, qu'il
seroit condamné à la mort. Cette Loi fut depuis conservée par les Décemvirs, & insérée
dans les douze Tables (*a*). Une peine si
sévère empêcha les Patrons de tromper leurs
Clients: mais ils imaginèrent cent autres
moyens pour les faire servir à leur ambition,
& en tirer bien de l'argent.

Numa Pompilius suivit, par raport à l'agriculture, les traces de Romulus. Il y étoit
porté d'inclination, attendû qu'il avoit passé la
plus grande partie de sa vie, à la campagne, &
avec des hommes qui n'étoient occupés que
du soin de labourer leurs terres, ou de nourrir
leurs troupeaux (*b*). C'étoit là, dans les anciens
temps, la principale occupation detous les habitans de Italie. Il n'y avoit alors que quelques
Cantons Etrusques & les Antiates, qui joignis-
fent

(*a*) Patronus si Clienti fraudem faxit, sacer esto.
Voy. par rapport à tout cet article du droit de Patronage, Denys d'Halicarnasse L. 2.

(*b*) Denys d'Halicarnasse L. 2. Plutarque vie de
Numa.

fent à l'agriculture un commerce confidérable (*) : les autres peuples ne s'adonnoient
qu'à la vie champêtre. Cette profeffion rendoit,
les nations d'alors heureufes, & les hommes
nombreux. A la faveur de ce genre de vie, la
population des Etats voifins de Rome s'étoit
fi prodigieufement accruë, que fans les fang-
lantes guerres qu'on les voit foutenir pendant long-tems contre les Romains, malgré
leurs défaites perpétuelles, on auroit de la
peine à croire ce que les anciens Hiftoriens
nous en difent, ainfi que du nombre de leurs
villes. Les Eques, qui n'occupoient qu'un
très petit païs, avoient quarante & une villes,
avant que les Romains les euffent entièrement défaits, fous le Confulat de *Sulpicius
Saverio*, & de *P. Sempronius* Sophus, (*b*).
L'ancien Latium, tout borné qu'il étoit,
comprenoit trente villes, qui n'étoient que des
Colonies d'Albe (*c*), & vingt trois autres :
car

(*) Le commerce des Ardéates, des Laurentins, des
Circéens, & des Terraciniens, n'étoit point du tout
confidérable. On juge bien que je n'entends point
parler ici du Commerce des peuples Grecs, qui occupoient la partie plus méridionale de l'Italie & dont le
commerce étoit très-floriffant.
(*a*) Tite Live L. 9. Ch. 9
(*b*) Denys d'Halicarnaffe L. 2.

car Pline raporte les noms de cinquante &
trois villes Latines, dont la pluspart ne subsi-
ftoient plus de son tems (*a*). Ce peuple,
après s'être épuisé par de longues guerres &
de fréquentes batailles contre les Romains,
dans l'espace de deux siécles & demi, mit
encore en campagne, à la fameuse bataille
qui se donna près du lac Regille, quarante
mille hommes de pied, & trois mille chevaux (*b*): encore les Volsques & les Herniques, leurs confédérés, n'étoient pas du nombre. On peut juger par là de la force & du
nombre des Etrusques, des Sabins, & des Samnites, autres voisins de Rome, qui habitoient
des païs beaucoup plus étendus. A ne considérer que ces derniers, on ne peut comprendre d'où ils tirèrent leurs armées pour combattre si long-tems contre les Romains, &
pour réparer les pertes immenses & continuelles de leurs troupes, presque toujours défaites par leurs ennemis. On lit qu'ils perdi-
rent plus de quatre vingt mille hommes, depuis l'an 440 de la fondation de Rome jusqu'en 450 : & malgré ces pertes, ils donnèrent

(*a*) Pline Histoire naturelle L. 3. Ch. 5.
(*b*) Tite Live L. 2. Ch. 19 & 20 Denys d'Halicarnaffe L. 6.

rent encore long-tems de l'occupation à Rome. Qu'on me pardonne cette petite digres-
sion, dictée par l'ennui d'entendre si souvent
nos politiques modernes subordonner l'agriculture à d'autres voies, pour rétablir la population.

Je reviens à Numa : ce Prince conser-
va les Institutions de Romulus rélatives à
l'agriculture, & il y en ajouta de nouvelles. Dès le commencement de son règne, il partagea entre les Citoyens les plus
indigens les terres que Romulus avoit con-
quises, dans ses dernieres guerres (a). Ensuite, pour attacher ses sujets à la culture des
champs d'une manière plus durable, il les
distribua par bourgades, & leur préposa des
Inspecteurs & des surveillans. Ceux-ci devoient avoir l'œil sur tous les habitans, & vi-
siter les travaux de la campagne, pour lui
indiquer les laboureurs paresseux, & ceux qui se
distinguoient par leur aplication au travail, afin
de punir les uns, & de récompenser les autres,
selon leur mérite. Souvent il alloit lui même faire ces visites à la campagne, pour ne pas s'en
raporter uniquement à ses Officiers; & apré-
ciant le mérite des cultivateurs sur leur ouvrage,

(a) Denys d'Halicar. L, 2, Plutarque vie de Numa.

vrage, il réprimandoit & châtioit les négli-
gens, & élevoit à des emplois honorables
ceux qui fe montroient laborieux (*a*). Ces Inftitutions achevèrent de faire prendre aux Romains le goût de la vie champêtre & des occupations ruftiques. Ce peuple put fe livrer à ce genre de vie, avec d'autant plus de
confiance que le Roi avoit déja fait connoître fes vuës pacifiques, lors de fon avénement au trône, & qu'il s'étoit propofé de
garder avec fes voifins une paix parfaite, durant tout fon régne. En éffet il fe conduifit
avec tant de fageffe, qu'il infpira le même
efprit de paix à tous fes voifins, deforte
que tous ces peuples dépoférent la haîne qu'ils
avoient conçuë contre les Romains, pendant
la vie & les guerres de Romulus. De tels
fentiments dans le Roi rendoient la préfence des Sénateurs moins néceffaire dans la
ville, & celle des Chevaliers tout à fait inutile.
Cela engagea les Nobles à fe répandre dans
les campagnes, où étoient fituées leurs terres, & à donner tous leurs foins à l'agriculture. Ce fut vraifemblablement dans ce temps
là, que prit naiffance la coutûme d'envoyer aux
Sénateurs à la campagne des efclaves, nom-

més

(*a*) Voy. les Auteurs cités à la note, précédente.

més *viatores*, afin de les avertir du jour qu'ils devoient revenir en ville, pour se trouver au Sénat (*a*). Ce fut aussi peut-être alors que les Grands de Rome commencèrent à cultiver leurs champs, de leurs propres mains, & à ne pas regarder les travaux rustiques comme indignes d'eux. Chez les Sabins, leurs voisins, les personnages les plus distingués avoient cette coutûme, comme l'exemple & le témoignage de Numa lui même nous l'apprennent (*b*); pourquoi les Romains ne les auroient-ils pas imités, eux, qui étoient gouvernés par un Roi de cette nation, qui avoit pratiqué la même chose dans sa vie privée, & qui s'en faisoit gloire? Plusieurs des plus illustres familles de Rome portoient des surnoms, qui montroient que leurs ancêtres les avoient acquis, par des découvertes utiles à l'agriculture, faites chez les autres nations, ou qu'ils devoient à leur propre sagacité, dans un temps où cet art étoit encore au berceau chez les Romains, & où ils ignoroient les choses les plus ordinaires. Or cette circonstance ne peut convenir qu'au règne de Numa. C'est d'une si haute antiquité sans doute que venoient les surnoms des Lentulus, des

Piso,

(*a*) Festus au mot viator.
(*b*) Denys d'Halicarn. L. 2.

Pifo, des Fabius, des Pilunus, des Porcius,
des Lactucinus, des Cicurinus (a), qu'on
trouve joints aux noms des familles nobles,
dès le temps des Rois & du commencement de
la République, fans que l'on ait pu découvrir
celui où ces familles avoient pris ces furnoms.
Nous verrons dans la fuite que, dès le commencement de la République, il fe trouvoit des
Généraux d'armées & des Magiftrats du premier
rang, qui faifoient gloire de cultiver leurs
champs, & domptoient tout enfemble les ennemis, & reculoient les bornes de l'Etat. Cette
coutûme n'a pu s'introduire dans ces temps de
trouble, où l'ambition des Grands ne s'occupoit qu'à humilier & à avilir les plébeïens, par
toutes fortes de moyens: elle ne peut pas
non plus être née fous les Rois, qui fuccédè-
rent

(a) Voy. Varro de re Ruft. L. 1. Ch. 2. & L. 2.
Ch. 1. Pline Hift. nat. L. 18. Ch. 3. La plûpart de ces
furnoms marquent que les ancêtres de ces famil-les avoient
introduit à Rome l'ufage de certains légumes qui juf-
que là avoient été inconnus, mais qui ne l'étoient certainement pas chez les voifins de Rome, où l'agriculture étoit floriffante. Il n'eft pas poffible que les Romains aient tardé fort long-tems à tranfporter chez
eux les légumes & les herbes potagères de leurs voifins : cela doit donc s'être pratiqué du tems où tout
les invitoit à le faire, le caractère du Roy, la paix,
l'honneur, & l'intérêt.

rent à Numa, parceque fi elle n'eut pas déja été enracinée dès-lors chez les Romains, les guerres & les affaires des règnes fuivants en auroient empêché l'origine. Il faut donc néceffairement qu'elle s'y foit établie, dans les quarante & trois années du règne paifible de Numa.

Tullus Hoftilius, fucceffeur de Numa, commença fon règne par une action généreufe, qui auroit beaucoup contribué à donner encore une plus grande vigueur à l'agriculture des Romains, fi les coups qu'il lui porta dans la fuite ne l'euffent pas fait tomber en décadence. Il avoit un grand patrimoine, attendû qu'il defcendoit de Hoftus Hoftilius, natif de Médullie, qui étoit venu s'établir à Rome fous Romulus, avec de grandes richeffes, pour les tems d'alors : ce qui lui valut un rang diftingué par la confidération que ce Roy avoit pour lui. Il prit donc en conféquence la réfolution de faire les honneurs de fa nouvelle dignité, à fes propres fraix, & fans fe fervir à cet éffet des revenus du domaine royal. Cela le mit en état de partager, entre ceux qui n'avoient point de fonds de terre, toute la grande & fertile campagne que les deux Rois fes prédéceffeurs s'étoient refervée pour leur domaine (*a*). Cette action

tour-

(*a*) Tite-Live L. 1. ch. 22. Donys d'Hallcar. L. 3.

tourna réellement à l'avantage de l'agriculture,
quoique le but de Tullus ne fut que d'exercer
une acte de générofité, envers les plus pauvres
de fes fujets. L'agriculture n'étoit point du tout
fon inclination favorite: fon age, fon humeur,
fa façon de penfer, & fa conftitution robufte ne
lui infpiroient que le goût de la guerre. Et de
fait, il paffa fous les armes tout le temps de
fon régne, qui ne dura pas moins de trente
& trois ans. Ses fréquentes expéditions contre les ennemis de Rome, l'obligèrent à rap-
peller les Sénateurs de la campagne; les
plus agés, pour maintenir le bon ordre & la
tranquillité dans la ville, pendant fon abfence;
& les jeunes, pour s'en faire accompagner à
la guerre. Une grande partie des autres
cultivateurs fut auffi toujours fucceffivement fous les armes; & l'appas du butin les
accoutuma prèsque tous à préférer le jave-
lot à la bêche. L'efprit martial réveilla dans
les Patriciens l'ambition, l'orgueil, l'intérêt, &
je ne fais quel penchant à méprifer le bas peuple: tout autant de vices que la vie champêtre, qui eft l'école de la fimplicité, de la
frugalité, & de l'innocence, avoit fait prèfque
difparoître de leurs ames.

Cette humeur guerrière de Tullus penfa
ruiner entièrement l'agriculture, lorfque fa

L 4

mort

mort donna lieu à son successeur de la rétablir. Ancus Marcius tenoit tout ensemble
du caractère de Numa, & de celui de Romulus.
Porté à la guerre, selon l'exigence des circonstances, il faisoit de la culture des terres tout
le cas qu'un Prince éclairé doit en faire. Il
commença donc par chasser de la ville tous
les gens oisifs, qui ne faisoient que consu-
mer le butin, ramassé dans les guerres précédentes, en attendant de nouvelles occa-
sions d'en faire d'autre : & comme ces hommes avoient perdu l'habitude de cultiver la
terre, il s'appliqua à en ranimer en eux le
goût, & à exciter leur vigilance par les mêmes moyens dont Numa son ayeul s'étoit autrefois servi (a).

Mais quoique ces moyens fussent les mêmes, les effets en furent bien différents. Les
guerres, qu'Ancus Marcius eut avec les Latins, les Sabins, & d'autres peuples, mirent des
obstacles à de si sages vuës. La campagne res-
toit toujours dépourvuë d'un grand nombre
de cultivateurs : les Patriciens s'affermissoient
de plus en plus dans leur ambition, & dans
l'habitude qu'ils avoient prise de mépriser &
de

(a) Tite Live L. 1. Ch. 32. & 33. Denys d'Halicar. L. 3.

de maltraiter les plébeïens: leur nombre s'é-
toit accru fous le règne de Tullus Hoftilius (*a*); & en devenant plus puiſſans, ils
devinrent plus entreprenants.

Tarquin l'ancien, ſucceſſeur d'Ancus Marcius, renforça encore la puiſſance de cet
Ordre, en l'augmentant de cent nouveaux
Sénateurs; & dans le même temſ, il affoiblit
conſidérablement celui des plébeïens, en ôtant
à ces derniers cent hommes, des mieux enten-
dus dans les affaires de l'Etat & les exercices
de la guerre, & en les plaçant dans l'Ordre des
Sénateurs & des Patriciens (*b*). Il dépeupla la
campagne par de nouvelles guerres; & en
tems de paix, il lui porta de nouveaux coups,
par les occupations qu'il donna dans la ville
aux gens qui avoient leurs terres à cultiver:
car comme il étoit d'origine grecque, & nom-
mément de Corinthe, il avoit une paſſion
extrême pour tous les établiſſements propres
à embellir & à fortifier la ville. Il creuſa des
aqueducs & des égouts, qui devinrent dans
la ſuite un des plus beaux monuments de
l'induſtrie humaine. Il bâtit le Cirque, ouvrage magnifique, & digne de la plus grande
admi-

(*a*) Denys d'Halicar. L. 3.
(*b*) Tite Live L. 1. Ch. 35. Denys d'Halicar. L. 3.

L 5

admiration. Il embellit de boutiques, &
d'autres ouvrages, la place où l'on rendoit la juſtice, où ſe tenoient les aſſemblées du peuple, & les marchés. Il rétablit
les murs de Rome, & forma ſon enceinte de
grandes & belles pierres. Enfin il entreprit
de bâtir un temple à Jupiter, à Junon, & à
Minerve, ſur une colline ſi haute & ſi eſcar-
pée, qu'il lui fallut élever de hautes & fortes
murailles tout à l'entour, & pratiquer une grande terraſſe entre ces murailles & la colline,
pour applanir le ſol, & le rendre capable de
porter de pareils édifices? Les guerres & les
corvées, jointes aux tributs extraordinaires
qu'on devoit payer, pour fournir aux frais de
ces immenſes ouvrages, achevèrent de ruiner
le peuple. Les Patriciens eurent lieu, plus-
que jamais, de profiter de la néceſſité des
pauvres propriéraires de terres; ils leurs prê-
térent de l'argent, à des intérêts exceſſifs; &
pour s'en payer, ils ſe mirent en poſſeſſion
de leurs biens. D'autres plébeïens, preſſés
par la même neceſſité, leur vendirent leurs
biens-fonds, pour un prix très modique. Enfin
les Patriciens devinrent ſucceſſivement les
maitres de la plus grande partie du terrein
de Rome, & les plébeïens ne furent plus que
leurs mercenaires. L'agriculture ſouffrit beaucoup

coup de ce changement, la campagne n'étant prèsque plus travaillée par fes propres maîtres, mais feulement par les mains de lâches efclaves, ou par des fermiers ruinés & dégoutés du labourage.

Ce fut dans cet état de délabrement que Servius Tullius, fuccefleur de Tarquin, trouva la République, à fon avénement au trône. Comme il étoit redevable de fon élévation à la faveur du Peuple, qui l'avoit proclamé Roi, malgré les intrigues & les oppofitions des Patriciens, il donna fes prémiers foins à humilier les Grands, à mettre un frein à leur avarice, à décharger les pauvres de tout tribut, à modérer les impots en faveur des moins aifés, & à procurer des terres à ceux qui avoient perdus les leurs. Pour cet éffet, il commença par ôter à différents Patriciens un canton des terres du public, dont ils s'étoient emparés, à la faveur de l'indulgence qu'avoient eu pour eux les précédens Rois, & il le partagea entre les pauvres Citoyens (a). Il compofa enfuite un Code de Loix, pour régler les contraéts de fes fujets; empêcher que

la

______

(a) Denys d'Hallcarnaffe L. 4. nous l'apprend dans les différentes harangues au peuple, qu'il met dans la bouche de ce Roi.

la juſtice ne dépendît, comme auparavant, du caprice & des paſſions des Grands; mettre une barrière aux violences, & aux tromperies de ceux-ci envers les plébeïens; & établir, par raport aux affaires civiles, un Droit commun aux uns & aux autres (*a*). C'eſt pour cela que Tacite l'appelle le grand Législateur des Romains (*b*). Parmi ces Loix il y en avoit une, qui ne reſpiroit que l'humanité & l'équité, mais qui ne put pas tenir long-tems contre la méchanceté des Patriciens, toujours attentifs à s'enrichir des dépouilles des plébeïens. Elle ordonnoit aux créanciers, de relâcher les débiteurs qu'ils retenoient dans les fers, parcequ'ils étoient devenus inſolvables; & elle leur défendoit en même tems à tous de mettre à l'avenir en priſon, aucun Citoyen Romain, pour dettes (*c*). Par un autre réglement, il fit voir le cas qu'il faiſoit de l'agriculture: car il admit au nombre des Citoyens les eſclaves affran-

(*a*) Denys d'Halicar. pag. 175. L. 4. édit. de Bâle. Quæ jus æquum faciebant utrique Ordini, nec ſinebant a Patriciis, ut ante, plebeios circumveniri in contractibus.

(*b*) Tacite L. 3. Ch. 26. des Annales,

(*c*) Denys d'Halicar. L. 4.

franchis ; mais il les rangea fous les quatre Tribus urbaines, ne voulant point placer, dans les Tribus ruftiques, des Citoyens peu confidérés (*e*). Enfin il établit le Cens, par lequel il conféra aux plus riches Citoyens une autorité prépondérante dans les affaires de l'Etat, & il tranfporta en même temps fur eux les plus grandes charges de la paix & de la guerre (*a*).

Par cet établiffement, il foulagea en proportion les plus pauvres, & les moins aifés; & il donna aux fuffrages unis des Grands, &

des

(*a*) Denys d'Halicarn. L. 4. pag. 161. de l'édit. de Bâle. Tullius fervis etiam manumiffis, nifi mallent redire in patriam, communicavit jus Civium : juffos enim cum ingenuis bona in cenfum referre in quatuor urbanas Tribus diftribuit, in quas & noftro tempore nos eft referre hoc genus Civium.

(*b*) Tite Live L. 1. Ch. 42. & fuiv. Denys d'Halicar. L. 4. Ce Roy fit un autre règlement qui, du moins pour lors, fut d'une grande importance pour l'agriculture, attendû que le territoire Romain étoit alors refferré de tous côtés par des voifins, ennemis de Rome, qui, à chaque inftant y alloient faire des incurfions, & emporter tout ce qu'ils trouvoient à la campagne : car les maifons des gens de la campagne, étant féparées les unes des autres, il étoit impoffible de fe fecourir mutuellement au befoin: ainfi les habitans étoient journellement en danger d'être pillés, &

o   mê-

des plus opulents Citoyens, une force qu'ils n'avoient pas encore eu jusques-là dans les affaires publiques : tempérament admirable, & certainement le plus judicieux qu'on ait jamais imaginé dans les Etats, où le Gouvernement n'eſt pas purement Monarchique, ni purement Ariſtocratique !

Ces ſages inſtitutions de Servius achevèrent de fixer tout le monde à l'agriculture. Les Patriciens déſeſpérant de pouvoir jamais, pendant ſon règne, ſe rétablir dans leur ancienne pratique d'opprimer le peuple, & d'augmenter leurs richeſſes aux dépens du public & des plébeïens, s'appliquèrent dès lors aſſés généralement à ſubſiſter par des voyes légitimes & louables.

Tarquin le ſuperbe, qui ſuccéda à ce grand Légiſlateur, eut beau bouleverſer tout, fouler aux pieds toutes les Loix de ſes prédéceſſeurs, renverſer en tout l'ordre & les coutûmes

même d'être emmenés en captivité. Servius ordonna donc qu'en chaque Tribu il y eut du moins un lieu d'aſile ſitué ſur quelque endroit eſcarpé, où les payſans puſſent mettre en ſureté leurs éffets & leurs perſonnes dans les tems d'allarmes. Dès lors les Romains s'accoutumèrent à bâtir & à fortifier, d'eſpace en eſpace, des châteaux, où ils tenoient des garniſons pour la ſureté des gens de la campagne.

tûmes obfervées jufques-là , & régner enfin
en Defpote infenfé, il ne lui fut plus poffible
de rien changer au caractère des Romains,
qui avoit déjà pris une forme fixe. Comme
fes coups frappoient également fur le peuple
& fur les Patriciens, ceux-ci, pour fe fouftraire à fes yeux & à fa fureur, demeurèrent
à la campagne; & ils y jouirent d'une tranquillité qu'ils auroient perduë, en retournant
dans la ville, & en s'expofant aux regards du
Prince. D'ailleurs, comme ce Monarque ra-
viffoit, de tout côté, tout ce qui étoit l'objet
de fa cupidité, & qu'il ne partageoit avec
perfonne le fruit de fes injuftices, il étoit néceffaire que les Patriciens fe tinffent à la campagne, & qu'ils la labouraffent même de leurs
propres mains , pour ne pas tomber dans
l'indigence.

C'eft ici le lieu de hazarder un fentiment
nouveau , mais qui me paroît fondé fur de
très fortes conjectures. J'ai dit ci-deffus qu'il
n'étoit pas croyable que les Patriciens n'euffent obtenu, dans le premier partage du terrein de Rome, que des portions égales à celles des plébeïens. Il me femble pouvoir déterminer ici la mefure des champs, qu'on leur
affigna. On voit par différents exemples, que
quelques familles Patriciennes des plus re-
fpec-

ſpectables, ne poſſédoient que ſept arpens de terre. Quintius Cincinnatus, l'un des plus illuſtres Sénateurs de ſon tems, qui vivoit dans le troiſième ſiécle de Rome, n'en avoit pas davantage, avant qu'un de ſes amis fut condamné par le peuple à une amende pécuniaire, que Quintius paya pour lui, en vendant une partie de ſes biens (*a*). Les ſiécles poſtérieurs en fourniſſent encore d'autres exemples. Le Conſul, M. Curius Dentatus, ne devoit pas poſſéder un plus grand domaine, au milieu du cinquième ſiécle, puiſqu'il ne craignit pas de dire en pleine aſſemblée, que celui qui ne ſe contentoit pas de ſept arpens, étoit un Citoyen dangéreux (*b*). Ce langage prouve même que, dans ce tems là, il y avoit nombre de Grands, qui ne poſſédoient pas un bien plus étendu : ſans cela, cette aſſertion n'auroit été qu'abſurde & ridicule. Dans le même ſiécle, C. Atilius déclara lui-même

____

(*a*) Valere Maxime L. 4. Ch. 4. n. 7. æque magna Latifundia L. Quinctii Cincinnati fuerunt ; ſeptem enim jugera agri poſſedit ex hiſque tria quæ amico ad ærarium obſignaverat mulctæ nomine amiſit. Pœnam quoque pro filio Cæſone, quod ad cauſſam dicendam non occurriſſet, hujus agelli reditu ſolvit.

(*b*) Pline Hiſt. natur. L. 18. Chap. 2.

même dans la lettre qu'il écrivit au Sénat,
à l'occaſion dont je parlerai plus bas, que
tout ſon bien confiſtoit en un champ de ſept
arpens. Dans le ſiécle ſuivant, on remarque,
entre pluſieurs autres, la famille Aelia qui,
toute nombreuſe qu'elle étoit, n'avoit pas un
plus grand terrein. Ces fréquens exemples,
dont je ſupprime un grand nombre, pour
n'être pas trop long, m'ont porté à conjeétu-
rer que la portion des Patriciens étoit déja,
dès le commencement, de ſept arpens. Ce
qui me confirme dans mon opinion, c'eſt
le Cens de Servius Tullius. Ce Roi avoit
certainement compris, dans la première Claſſe, tous les Patriciens. Or donnés, d'un côté,
à chaque Citoyen qui a un champ, deux
arpens de terre, comme fit Romulus: d'un
autre côté, donnés en ſept aux Patriciens,
comme je ſuppoſe que Romulus le fit: cal-
culés enſuite ce qu'un poſſeſſeur de ſept arpens doit raiſonnablement avoir, de plus qu'un
ſimple propriétaire de deux arpens, en bétail, en inſtruments de labourage & de mé-
nage, en maiſons, en eſclaves, en argent
comptant, & vous trouverés qu'il y avoit,
entre les propriétaires d'un champ de deux
arpens, & les poſſeſſeurs d'une terre de ſept
arpens, à-peu-près la même proportion que

<table>
<tr><td>Part. II.</td><td>M</td><td>entre</td></tr>
</table>

entre ceux que Servius Tullius plaça dans la cinquième Claſſe, & ceux qu'il rangea ſous la prémière. Remarquons encore que, dans les ſiécles poſtérieurs à celui dont nous parlons, il y avoit un grand nombre de familles Patriciennes, qui étoient très pauvres, & ne poſſédoient que très peu de biens, eû égard aux richeſſes des autres, tant de l'Ordre des Patriciens que de celui des plébeïens; & que cependant ces pauvres familles conſer voient encore tout leur crédit & toute leur grandeur, dans l'Ordre même des Patriciens; tandis que, d'un autre côté, les Cenſeurs avoient coutûme de dégrader tous ceux qui perdoient leurs biens: cela nous conduira à conclure que ces familles n'avoient rien perdû du bien qu'il falloit avoir, pour entrer dans la prémière Claſſe du Cens, inſtitué par Servius. On m'objeçtera peut être, que Tite Live raporte que L. Quintius Cincinnatus, ayant été condamné à payer trois mille *as*, ſe vìt réduit à une chétive cabane, & à un très petit morceau de terre (*a*): d'où l'on prétend tirer diverſes objeçtions contre le calcul que je viens de faire, par raport au Cens de ceux de la cinquième & de la prémière

mière

(*a*) Tite Live L. 3. Ch. 13.

mière Claffe, & contre ma dernière remarque. Mais on fait affés que l'autorité de Tite
Live n'eft pas d'un grand poids, à l'égard des
faits qui regardent l'Hiftoire des premiers fiécles de Rome; qu'il eft peu exaɛt dans fes
recits, & moins encore dans le détail des circonftances. D'ailleurs, fon autorité eft com-
battue par celle de Valère Maxime, dont j'ai
rapporté les propres paroles (*): ainfi,
toutes les difficultés qu'on pourroit m'oppofer, tombent d'elles mêmes. Enfin, qu'on ne
m'objeɛte pas que les Cincinnatus, les Æ-
lius, & les Curius vécurent après l'expulfion
des Rois; & qu'après cette révolution, le
Tribun Licinius ayant diftribué, au rapport
de Collumelle (a), fept arpens de terre à
chaque Citoyen Romain, ces familles pouvoient bien poffèder leurs fonds de fept arpens, en conféquence du nouveau partage,
plutôt qu'en vertu de celui de Romulus. Ce
paffage de Collumelle eft certainement très
dé-

____

(*) Voiés la note (a) à la page 176.

(a) Columel. L. 1. ch. 3. Nec dubium quin minus
reddat laxus ager non reɛte cultus, quam anguftos exi-
miè: ideoque poft Reges exaɛtos Liciniana illa feptens
jugera. quæ plebis Tribunus viritim diviferat, majores
quæftus antiquis retulerè, quam nunc nobis præftant
veraɛta.

défectueux. Je ne dirai point qu'il eſt douteux qu'il y ait eu un Licinius, Tribun du peuple, avant le fameux Licinius Stolo, qui publia la Loi qui portoit, que perſonne ne pourroit poſſéder en propre plus de cinq cens arpens de terre: je ne dirai pas non plus que, longtems après l'expulſion des Rois, aucun Hiſtorien Romain ne parle d'aucune autre Loi Agraire, que de celle du Conſul Caſſius Viscellinus, qui ne put jamais être miſe en exécution, à cauſe des oppoſitions des Patriciens. Je remarque ſeulement que le territoire de Rome n'auroit pas ſuffi, à beaucoup près, pour donner à chaque Citoyen ſept arpens de terre, quand même on eut joint pour cet éffet toutes les terres du public à celles des particuliers.

Dans ce tems là, le nombre des Citoyens montoit à cent trente, & même à cent cinquante mille hommes, capables de porter les armes, comme on le voit pas les Cens d'alors (a); cependant les Romains qui, depuis environ trois ſiécles, n'avoient ceſſés d'avoir les armes à la main, & d'être victorieux, n'avoient pas encore. avancé leurs conquêtes juſqu'à vingt lieuës de Rome. A l'orient, les Latins, les Her-

(a) Denys d'Halicarnaſſe L. 5. & 6. Tite Live L. 3. ch. 3. & 24.

Herniques, & les Antiates étoient les feules nations qu'ils euffent foumifes: encore leur empire fur les Antiates n'etoit-il pas bien affermi.
Du côté de l'occident, Rome avoit fi peu en-
tamé le païs des Etrusques, qu'elle ne comptoit guères, au de-là du Tybre, que deux ou
trois lieuës de terrein qui lui appartint.   Au
Nord, les Eques, & les Sabins défendoient encore leur païs, contre les armes des Romains.
Comment donc auroit-on pu donner, dans
un Etat fi borné de toute part, fept arpens
de terre à plus de cent trente mille Citoyens?
Les longues & violentes conteftations, qu'il
y eut entre le peuple & les Patriciens, au fujet de la Loi Caffia, prouvent évidemment
qu'une grande partie du peuple n'avoit point
du-tout de terres. Dans le lieu d'une de ces
disputes, il fe préfenta à l'affemblée un certain L. Siccinnius Dentatus, ou Siccius, comme le nomme Tite Live, qui dit au peuple:
voici la quarantième année que je porte les ar-
mes, pour le fervice de ma patrie; & la tren-
tième que je fuis Officier, tantôt à la tête d'un
bataillon, & tantôt d'une Légion: cependant,
Romains! ce Siccinius, qui a contribué, au prix
de fes fueurs & de fon fang, à conquérir tant
de fertiles campagnes fur les ennemis de Ro-
me, n'a pas un pouce de terre, non plus que vous,

qui avés étés les compagnons de ses travaux
(*a*). Ce discours prouve bien le contraire
de ce que dit Columelle.

L'impossibilité, qu'un Tribun du peuple eut
distribué dans ces tems là sept arpens de terre à chaque Citoyen Romain, devient encore
plus évidente, si l'on fait réflexion que, de
tout tems, le public avoit coutûme de retenir, pour subvenir à ses dépenses, une grande
quantité de terres que l'on affermoit; & qu'il
y avoit en outre plusieurs familles Patriciennes & même plébeïennes, qui possédoient
tant de terres que, dans le quatrième siécle,
le Tribun L. Licinius Stolo se vit obligé de
faire passer une Loi, qui défendoit que
personne ne pût posséder plus de cinq cent
arpens. Cependant il fut lui même condamné, quelques années après, en vertu de sa
propre Loi; parce qu'il fut convaincu d'a-
voir réuni à son domaine mille arpens de terre, sous son nom, & sous celui de son fils, qu'il
avoit émancipé dans le dessein d'éluder sa Loi
(*b*). La teneur des harangues, que Licinius,
& Sextius son Collégue, firent au peuple,

pour

(*a*) Valer. Maxime L. 3. chap. 2. n. 23. Denys d'Halli-
car. L. 10.
(*b*) Tite Live L. 6, ch. 36. L. 7. ch. 16.

pour le porter à accepter cette Loi, fait encore bien voir la fausseté du conte d'une prétendue distribution générale de sept arpens.
Ces Tribuns, ayant un jour convoqué l'assem-
blée, adressèrent la parole aux Sénateurs, &
leur dirent : „ Oseriés vous demander que,
„ pendant qu'on n'assigne aux gens du peu-
„ ple pour tout bien que deux arpens de
„ terre, il vous fut permis d'en avoir plus
„ de cinq cens : c'est à dire, que cha-
„ cun de vous en possédât lui seul présque
„ autant que trois cens Citoyens ensemble
„ (a)? Par toutes ces raisons, il me semble
très probable que, dans le premier partage de
terres fait par Romulus, la portion d'un Patricien fut de sept arpens, comme il est con-
stant que celle d'un plébéien ne fut que de
deux (*).   Nous

(a) Tite Live L. 6. ch. 39.

(*) Les P. P Catrou & Rouillé, dans leur Histoire
Romaine à l'an 360, & Rollin à l'an 360. raportent
qu'après la prise de Véïes, le Sénat assigna sur le territoire Véïen sept arpens de terre, non seulement à chaque Chef de famille, mais encore à chacun des enfants
mâles qui étoient dans la maison. Les expressions un
peu vagues de Tite Live les ont abusés. On n'a qu'à
considéter & à comparer l'immense multitude de Citoyens Romains qu'il y avoit alors, avec la très petite
étendûe du territoire Véïen, pour se convaincre que ce
partage ne peut avoir eu lieu, qu'à l'égard d'une partie

Nous n'avons fait jusqu'à préſent que conſidérer la Légiſlation des Rois de Rome, parraport à l'agriculture : c'eſt que la recherche & l'examen des bonnes Inſtitutions de cette Ville célébre, ſur ce ſujet, ſe borne à cette époque. Les Romains furent uniquement redevables à Romulus, à Numa, & à Servius Tullius, de tous leurs bons réglements, de tous leurs excellents principes, & de toutes leurs ſages pratiques, rélativement à la culture des terres, auſſi bien que de tous les avantages admirables, que l'agriculture leur procura à pluſieurs égards. Il ne faut pas chercher de pareilles Inſtitutions, dans la Légiſlation des tems. poſtérieurs : le peu de Loix, que les Décemvirs firent en faveur de l'agriculture, furent toutes vicieuſes. Nous nous contenterons de jetter un coup d'œil ſur ces Loix, qui ne méritent notre attention, que pour noter, en paſſant, leurs défauts

par des Citoyens. Si tous avoient eu part à ce partage, comment Tite Live auroit-il pu faire dire à Licinius Stolo, quelques années après, que les plébeïens ne poſſédoient que deux arpens de terre, tandis que pluſieurs Patriciens en avoient chacun cinq cens ? Voyés Tite Live L. 6. ch. 36. Comment le Sénat auroit-il, peu après, trouvé des Citoyens à envoyer dans les colonies, en ne leur aſſignant que deux ou trois arpens de terre au plus ? Voy. le même Tite Live L. 6. ch. 16.

par raport à cet objet. D'abord, leurs Loix criminelles étoient trop févéres , & on peut même dire cruelles. Par exemple, une de ces Loix portoit que, fi quelqu'un venoit furtivement de nuit , fouler aux pieds le champ d'autrui femé de bled, ou en couper la moiffon , il devoit être mis à mort, comme une victime dévouée à Cérès (a). Elles condamnoient à la même peine, celui qui auroit arraché les bornes d'un champ, qui ne lui appartenoit pas (b). Il eft vrai que cette dernière Loi venoit de Numa, & que les Décemvirs ne firent que l'inférer dans les douze Tables. Mais cette rigueur , excufable du tems de Numa, où la poffeffion des biens-fonds étoit fujette à mille embarras ; où perfonne ne favoit encore au jufte l'étenduë de fon champ ; où il n'y avoit prèsque point d'autre titre à produire, en faveur de la propriété, que celui de la poffeffion ; où les Romains n'étoient prèsque encore que des brigands, accoutumés au pillage fous Romulus, cette rigueur , dis-je, excufable pour lors, ne l'étoit plus du tems des Décemvirs. Quand la févérité des Loix

eft

(a) Qui frugem aratro quæfitam furtim nox pavit fecuitve , fufpenfus Cereri necator.

(b) Cujas Obferv. L. 3. ch. 40.

M 5

eſt outrée, il ſe préſente toujours mille obſtacles à leur exécution, & alors c'eſt comme
s'il n'y avoit du tout point de Loix. D'ailleurs, il n'appartenoit qu'au peuple de prononcer la ſentence de mort contre un Citoyen ;
& le peuple auroit-il pu jamais ſe porter à
une pareille cruauté, pour des délits ſi lé-
gers, commis par des gens de ſon corps?

Mr. de Montesquieu prétend que les Loix
des douze Tables, ſur les ſucceſſions, tiroient
leur origine du partage égal des terres, &
qu'elles tendoient à le maintenir (*a*). Dans
cette ſuppoſition, ces Loix auroient de même intéreſſé l'agriculture : mais j'ai fait voir
que la prétendue égalité de ce partage n'eſt
qu'un fantôme, ſorti de l'imagination de quelques Auteurs modernes. Indépendamment
de cela, ce grand Homme a eu tort de croire
que les Décemvirs ayent eû en vuë de prévenir, par ces Loix, que les biens ne s'accu-
mulaſſent dans les familles, par les femmes &
les hérédités. Il y a pluſieurs choſes qui
prouvent, que ce ne fut pas là le but de ces
Légiſlateurs. Premierement, les Décemvirs
accordérent à tout Citoyen Romain, une liberté illimitée de teſter à ſa fantaiſie. Cette

li

______

(*a*) Eſprit des Loix L. 27. ch. unique.

liberté alloit fi loin, que tout père de famille étoit en droit de priver de fa fucceffion fes
enfants de tout âge, & de tout fexe, fans être
obligé d'en donner la moindre raifon (*a*).
Cette Loi feule fuffifoit pour détruire, d'un
feul coup, tous les deffeins qu'on auroit eu de
conferver par d'autres Loix l'égalité des biens,
dans les familles. En fecond lieu, les Loix
des douze Tables admettoient les femmes,
lorsqu'elles étoient de l'agnation, à la fucceffion ab inteftat : & en vertu d'autres réglements, ces femmes transportoient ordinairement leurs biens, dans les familles où elles entroient par le mariage. Mr. de Montesquieu
s'eft trompé, lorsqu'il a cru qu'il étoit indif-
férent que *l'héritier fien, ou à fon défaut, le*
plus proche Agnat, fut mâle ou fémelle, parce
qu'il prétend que les parens du côté maternel
ne fuccédoient pas; & que par conféquent,
quoique une femme héritière fe mariât, les
biens rentroient toujours dans la famille, d'où
ils étoient fortis. Le principe, fur lequel il
fonde fon opinion, eft abfolument deftitué de
fondement (*).

Non,

(*a*) Paterfamilias uti legaffit fuper pecunia tutelave
rei fuæ, ita jus efto. Ulpian. Fragm. tit. 11. §. 13.
Heinecc. antiquit. Roman. Inftit. L. 2. tit. 13 & 18,

(*) En voici la preuve. Du tems des Décemvirs,

près

Non, les Décemvirs n'ont rien fait en faveur de l'agriculture : au contraire ils ont
porté

prèsque tous les mariages fe contractoient par une de
ces trois manières : la Confarréation, l'achat, ou l'u-
fucapion. Je ne repéteral pas ici comment ces actes fe
faifoient; je ferai feulement remarquer à mes lecteurs
que chacune de ces manières de contracter le mariage,
conféroit au mari une puiffance paternelle fur la femme,
ce qu'on appelloit *convenire in manum mariti*, tomber
fous la puiffance du mari. Le favant Heinecclus expli-
que cela fort au long, dans fon traité fur les Antiquités
Romaines, au tit. 10. du Liv. 1. Dès que la femme étoit en-
trée par l'une de ces manières dans la maifon du mari,
elle devenoit une agnate de la même famille. Ce n'eft
pas tout, elle devenoit comme la fille du mari & comme
la foeur de fes enfants, parceque la même puiffance,
c'eft à dire celle du père de famille, les foumettoit tous
également au mari & au père, & les égaloit tous entre
eux. Tout cela eft conftant. Il n'y a pas un Juris-
Confulte, versé dans les antiquités Romaines, qui l'ignore. Les femmes devenoient donc, du temps des Décemvirs, des agnates de leurs maris & de leurs enfants :
Or la Loi des douze Tables appelloit les agnats réciproquement à la fucceffion ab inteftat : par conféquent les
maris fuccédoient à leurs femmes, comme les pères fuccédoient à leurs enfants; & les enfants fuccédoient à leurs
mères, comme un frère fuccédoit à fa foeur. Le Séna-
tus-Confulte Orphitien & Tertullien. dont parle Mr. de
Montefqaieu, ne furent faits que bien tard, & après que
les femmes eurent commencé à fe marier d'une manière, qui ne transféroit au mari aucune puiffance fur elles,
& qui les laiffant maitreffes des biens qu'elles ne vouloient

porté une Loi, qui lui étoit extrêmement préjudiciable, & qui fait affés fentir que les Auteurs des douze Tables étoient Patriciens :
je parle de la Loi, qui régloit le taux de l'u-
fure, & qui portoit qu'on pourroit exiger
douze pour cent. Une pareille ufure, cruel-
le partout & en tout tems, l'étoit beaucoup
plus encore, du tems des Décemvirs, pour les
Romains, qui n'avoient alors prèsque point
d'arts ni de commerce ; qui devoient fubfifter
prèsque entièrement du revenu de leurs petits
champs ; & qui de plus devoient aller à la
guerre, à leurs propres frais, & tirer de leurs
héritages de quoi fubfifter en campagne, tan-
disqu'ils les laiffoient en friche, ou les aban-
donnoient à des vieillards, des femmes, & des
enfants, qui ne pouvoient leur donner qu'a-
vec peine une culture médiocre. L'impoffibilité de payer des ufures fi exceffives, privoit
les propriétaires de leurs fonds de terres, &
les transportoit aux Patriciens, entre les mains
desquels ils commençoient à rendre beaucoup moins, parce que les bras qui les tra-
vail-

loient pas apporter en dôt au mari, les empêchoit de
devenir agnates de la famille, où elles étoient entrées
par un pareil mariage. Voy. Heinec. à l'endroit cité,
& aux premiers titres du Livre fecond.

vailloient étoient pour la pluspart ferviles ou mercénaires, & qu'ils les laiſſoient manquer de la culture néceſſaire.

Les Décemvirs ne bornérént pas là leur dureté: ils portérent encore une Loi , qui permettoit la contrainte par corps, pour dettes (a). Cette Loi inique autoriſoit les créanciers à traîner en ſervitude, & même à vendre leurs débiteurs inſolvables, juſqu'à ce que, par leurs ſervices, ils euſſent acquitté la dette. On a même été longtems dans l'opinion qu'il étoit permis de mettre en piéces le débiteur, & de partager ſon corps en autant de parties qu'il y avoit de créanciers, afin que chacun pût avoir la ſienne. Mais Binkershoeck a fait voir, avec la plus grande évidence, le ridicule de cette opinion. En vertu des Loix dont je parle, les Patriciens envahirent bientôt les héritages des plébeïens: on vit partout des Citoyens réduits à l'eſclavage : une foule de gens, néceſſaires à la guerre & à la campagne, gémiſſoit dans les fers de la captivité, & au

fer-

(a) Aulugelle L. 20. ch. 1. Les paroles de la Loi ſont les ſuivantes. Aeris confeſſi. rebusque jure judicatis triginta dies juſti ſunto. Poſt deinde manus injeſtio eſto, in jus ducito ni judicatum facit , aut quieſcendo eu in jure vim dicit, fecum educito, vincito aut nervo aut compedibus XV pondone majore. aut ſi volet minore vincito.

fervice des Grands.   De-là les cris & les plaintes des plébeïens contre les Patriciens : de-là les féditions, & les famines fi fréquentes, dans les prémiers tems de la Républi-que.

Dans la fuite, on reduifit l'intérêt du prêt à fix pour cent. C'étoit encore donner un trop haut prix à l'argent, chéz un peuple où on ne pouvoit acquiter fes dettes qu'à la faveur du butin qu'on faifoit à la guerre, & du revenu des terres : auffi ne put on s'em-pêcher de fentir la dureté de cette Loi.   De-là on paffa à abolir tout intérêt, ce qui pro-duifit des inconvéniens encore plus grands : car dès-lors, les créanciers toujours avides, & les débiteurs toujours empreffés à fuïr le mal préfent, fans fe foucier de l'avenir, fai-foient entre eux des accords propres à éiuder la Loi ; & les premiers fe faifoient payer l'in-térêt de leur argent, & le péril de le perdre. Mr. de Montefquieu a raifonné en grand po-litique fur les inconvéniens que ces différen-tes Loix, rélatives à l'ufure, ont produits chez les Romains ; mais il s'eft étrangement abufé en fait d'Hiftoire (a).

Par-

(a) Efprit des Loix L. 21. ch. 21 & 22.. Par exem-ple, Tacite annal. L. 6. ch. 16. dit: primo duodecim Ta-bulis cautum ne quis unciario fænore amplius excerce-

ret.

Parmi les Loix des Décemvirs, il y en a-
voit qui nuifoient à l'agriculture, en accrédi-
tant la fuperftition. Ils avoient décerné des
peines très rigoureufes contre ceux qui
feroient paffer, par dés enchantements, les fruits
d'un champ qui ne leur appartenoit pas, dans
le leur (*a*). En infpirant au peuple une opinion fi fauffe, ils mettoient des entraves à fon
induftrie, & le conduifoient à penfer qu'il n'é-
toit pas poffible de porter la culture au de-là
de certaines bornes. Pline rapporte (*b*) qu'un af-
franchi, nommé *Curius Crefinus*, avoit coû-
tume de donner une fi bonne culture à fon
champ que, tout petit qu'il étoit, il lui rendoit plus que les propriétaires des plus grandes
ter-

ret. Mr. de Montesquieu entend ici par *unciarium fænus*, un intérêt d'un pour cent par an. Là deffus il dit:
il eft vifible que Tacite s'eft trompé, & qu'il a pris pour
la Loi des douze Tables une autre Loi dont je vais parler. Mais c'eft Mr. de Montefquieu lui même qui fe
trompe, en donnant à l'unciarium fænus, l'interprétation
fusdite; aulieu que ces mots défignent un intérêt de douze pour cent par an , comme le fait voir clairement
Noodt dans fon traité de ufur. & fænore.

(*a*) Seneq. natur. quæft. 4. Pline Liv. 28. ch. 2. &
Liv. 30. ch. 1. Servius dans les notes fur la 8. églogue
de Virgile, à ce vers : atque fatas alio vidi traducere
meffes.

(*a*) Pline Liv. 18. ch. 16.

terres du voifinage ne retiroient des leurs.
Là deffus fes voifins le foupçonnèrent de
magie, & s'imaginèrent qu'il faifoit paffer
par des enchantements les fruits de leurs terres dans la fienne. Selon les Loix, ce crime
étoit capital; & en confequence, l'Edile Spurius Albinus l'appella en jugement devant le
peuple, pour celui qu'on lui imputoit. Crefinus parut devant les Tribus: il leur montra de groffes bêches, des focs très pefants ,
& d'autres inftruments ruftiques de la meilleure qualité: il leur fit auffi voir fa fille qui
étoit robufte, & fes bœufs qui étoient en très
bon état, & il leur dit: Romains, voilà mes
enchantements. Cette apologie, la plus
belle qu'il put faire, le juftifia pleinement ;
les Tribus le renvoyèrent abfous: mais les
Loix fuperftitieufes des Décemvirs n'en a-
voient pas moins produit leur effet fur les
voifins de cet homme laborieux. Enfin, depuis l'expulfion des Rois, je ne fache pas
que l'on ait fait, durant tout le temps de la
République, aucune Loi , que l'on puiffe
regarder comme importante pour le bien de
l'agriculture. J'en excepte feulement la Loi
du Tribun Licinius Stolo, qui, fi elle eut
pû tenir long-tems contre la cabale & la ra-
pacité des Patriciens, auroit fait un grand

bien à l'agriculture, quoique l'intention de
fon auteur ne fut que de mettre un frein
à l'avarice des Grands. Ce Tribun fit
paffer, en 377 de Rome, une Loi qui défendoit à tout Citoyen de poffeder plus de
cinq cens arpens de terre (a). Licinius fut le
prémier qui fongea à l'éluder, & le prémier
auffi qui fut condamné pour fon infraction
(b). Mais les autres Grands fuivirent fon
exemple, avec plus de fuccès pour eux, &
au grand détriment de l'agriculture (*). Car
plus les fonds de terre de chaque particulier
font bornés, plus il y a de propriétaires
& de maîtres qui ont foin de les bien cultiver: plus il y a de culture chez un peuple,
plus il y a de revenus.

En faifant réflexion fur lá Loi de Licinius,

on

(a) Tite Live Liv. 6. ch. 39. Un arpent de terre a-
voit deux cens quarante piés en longueur, & fix vingt
en largeur. Varro de Re ruft. L. 1. ch. 10. Quintil.
Liv. 1. inftit. ch. 9.

(b) Tite Live L. 7. ch. 16.

(*) En 454, les Ediles de cette année appellèrent en jugement un grand nombre de particuliers, parce
qu'ils poffédoient plus de terres que la Loi ne permettoit. Ils furent prèsque tous condamnés; mais ce
moment de févérité ne fuffit pas pour arrêter l'exceffive cupidité des riches.

On fera furpris de voir que, vers la fin du
quatrième fiécle, c'eft à dire, dans un tems
où les arts & le commerce n'étoient encore
prèsque rien à Rome, il y eut pourtant des
particuliers qui poffédoient jusqu'à cinq cens,
& même jusqu'à mille arpens de terre; tandis que le plus grand nombre d'entre le peuple s'eftimoient heureux, lorsqu'ils pouvoient
feulement en avoir deux, & que plufieurs
des plus illuftres Patriciens même n'en avoient
que fept. D'où pouvoit venir une différence fi énorme ? Je m'imagine qu'une grande
partie de ces biens, accumulés dans certaines
familles, étoit le fruit des ufures exorbitantes
exercées fur les particuliers, & des ufurpations multipliées faites fur le public. J'ai
déja parlé des ufures: il faut à préfent que je
faffe voir comment les particuliers envahif-
foient les biens du public. Pour cet éffet,
il faut que je remonte jusqu'à Romulus, &
que je rapporte une coutûme introduite par
êe Roi, qui fut depuis conftamment pratiquée
chez les Romains.

Rome, bâtie fur un fond étranger, & qui dépendoit originairement de la ville d'Albe,
n'avoit au commencement qu'un très petit
territoire. Romulus l'étendit par fes conquêtes, & à mefure qu'il remportoit quelque

victoire fur les nations voifines, il leur ôtoit,
à la conclufion de la paix, une partie de leurs
terres, qu'il diftribuoit enfuite aux plus pauvres d'entre les Citoyens Romains. Je ne
fais fi ce fut lui, ou les Rois fes fucceffeurs,
qui établirent la coutûme d'employer une partie des terres, prifes fur les ennemis, à former un fond public, pour fournir aux dépenfes communes.   Il eft feulement conftant que
cette pratique fut introduite à Rome, déjà
long-tems avant le règne de Servius Tullius ;
puifque Denys d'Halicarnaffe nous apprend,
comme nous l'avons remarqué ci deffus, que
ce Roi chaffa les Patriciens des terres qu'ils
avoient envahies fur le public, pendant les
règnes précédents, & qu'ils poffédoient déjà,
comme leur appartenant de plein droit.

Après l'expulfion des Rois, on garda non
feulement la coutûme de dépouiller les vaincus d'une partie de leurs terres, mais encore
celle d'en convertir une partie à augmenter le
fond public (a). Les terres, que l'on ne
refervoit pas pour le tréfor public, étoient
em-

(a) Voy. fur tout ce que nous allons dire à ce fujet,
Appien de la guerre civile Liv. 1. & Plutarque vie des
Gracches.

emploiées à placer les plus indigens
des Citoyens de Rome, ou ceux qui, pour
d'autres raifons, confentoient à quitter leur
patrie. Quelques unes de ces terres étoient
données en propriété à des particuliers, à
condition feulement qu'ils reconnoitroient le
droit du public fur ces fonds, par une très
petite redevance annuelle qu'on leur impo-
foit : on appelloit ces fonds *fundi vectigales.*
On envoyoit dans quelques autres de ces terres des Colonies entières, qui fervoient également à décharger la ville de Rome de fes
Citoyens pauvres & turbulens, & à tenir en
bride les Nations vaincuës. De plus, ces
Colonies étoient autant de poftes avancés, qui
tenoient en refpect les Provinces frontières.
Dans les commencements de la République,
on avoit coutûme de ne donner que deux
arpens de terre, à chacun des colons que l'on
envoyoit fur un terrein fertile, & peu éloigné
de Rome; on en affignoit trois, où trois &
demi, à ceux qu'on établiffoit un peu plus loin,
afin de les dédommager de l'éloignement de
leur Patrie, & de la perte de leur droit de
fuffrage : leur éloignement ne leur permettant plus d'être convoqués, pour affifter aux
Comices. Dans la fuite, on alla jufqu'à affig-
ner quarante, & même cinquante arpens, aux

 co-

colons qui étoient de l'Ordre des Chevaliers, & vingt ou trente, aux autres: on voit
des exemples de tout cela dans l'Histoire de
Tite Live.

On affermoit à des particuliers les terres,
que le Sénat réfervoit pour le public: en pa-
yant les rentes, dont on étoit convenu, ils
pouvoient aller les labourer eux mêmes, ou
les faire cultiver par leurs efclaves & leurs
ouvriers.

Comme les Patriciens, tant fous les Rois
que du temps de la République, avoient le
plus de part au Gouvernement, il leur étoit
aifé de fe faire donner, tantôt à cens, &
tantôt à rente, les cantons de terre qu'ils trouvoient le plus à leur bienféance. A l'aide de
cette poffeffion & de leur autorité, ceux
d'entre eux qui aimoient moins la juftice que
leur intérêt, fe mettoient peu à peu en droit
de fe les approprier, & les convertiffoient
en leur propre patrimoine; & à la fin, une
longue préfcription couvroit ces ufurpations.
C'eft par ce moyen, joint à l'ufure, que ceux
de cet Ordre, & même les plus confidérés
d'entre les plébéïens parvinrent, par dégrés,
à fe former des patrimoines de cinq cens, &
de mille arpens de terre; tandisque ceux qui

avoient

avoient plus de probîté reſtoient dans l'indigence.

Le peuple, indigné de ces uſurpations,
brûloit d'envie de les leur arracher; mais les
Patriciens de leur côté faiſoient tous leurs efforts pour les conſerver. Ce fut là l'origine
des Loix Agraires, & la cauſe de tant de tumultes, de ſéditions, & de révoltes de la part
du peuple contre l'Ordre des Patriciens.La prémière des Loix Agraires fut portée par le Conful Sp. Caſſius Viſcellinus, en 268 de Rome. Son but étoit de dépouiller les Patriciens des terres du public, dont ils s'étoient
emparés, pour les partager entre les plus
pauvres des Romains, & des Latins alliés de
Rome (a). Cette Loi fut agréée par le
peuple, quoique l'union des Latins, aſſociés
à la même grace, l'eut piqué ſenſiblement:
mais ſon Auteur fut mis à mort, avant qu'elle put être miſe en exécution. Les Patriciens le firent accuſer par les Queſteurs d'a-
ſpirer à la Royauté, & il fut condamné à
être précipité du roc Tarpeïen. Les Tribuns ne ceſsèrent de demander dans la ſuite
l'exécution de la Loi Caſſia: d'autres Tribuns
en proposèrent de nouvelles: mais elles ne
firent

(a) Tite Live Liv, 2, ch. 41.

N 4

firent jamais que produire des troubles & des tumultes, qui mirent souvent la République à deux doigts de sa perte. Ce ne fut que, lors de sa décadence, que ces sortes de Loix commencèrent à passer. Jusques là, l'Ordre des Patriciens s'opposa, avec une opiniatreté inexprimable, à toutes les entreprises & à tous les efforts des Tribuns à cet égard.

Ce qui surprend continuellement le lecteur, dans l'Histoire de ces contestations, c'est de voir la fermeté, ou plutôt l'opiniatreté avec laquelle tous les Patriciens, tant les gens de bien que les méchants, les personnages les plus sensés & les plus imprudens, ceux qui étoient coupables d'usurpation & ceux qui ne l'étoient pas, combattirent toujours & d'un concert presque unanime contre les Tribuns, pour conserver à une partie de leurs Pairs leurs injustes possessions. On a beau dire, avec Vertot & Rollin, qu'un nouveau partage de terres souffroit de trop grandes difficultés ; qu'il auroit fallu, pour cela, établir une juste distinction entre l'ancien patrimoine de chaque particulier, & ce qu'on y avoit joint des terres du public ; & même étendre cette distinction sur les cantons, que les Patriciens avoient achetés du domaine public, & sur ceux qu'ils n'avoient pris d'abord qu'à

titre

tître de Cens, fous leurs noms ou fous des noms empruntés, & qu'ils avoient depuis confondus dans leur patrimoine, avec une partie des communes; que les Patriciens avoient partagé ces terres entre leurs enfants, & que ces terres, devenuës héréditaires, étoient paffées en différentes maifons, foit à tître d'hérédité, foit par achat : tout cela ne lève pas la difficulté. On n'avoit qu'à contenter le peuple en partie, fi on ne le pouvoit pas entièrement. Lors de la publication de la Loi Caffia, le Sénateur Appius Claudius propofa à fes Collégues de choifir dix des plus confidérables du Sénat, pour faire la vifite des terres, & en reconnoître les bornes : & s'ils trouvoient des particuliers, qui, par adreffe ou par force, en euffent ufurpé la jouiffance, il vouloit qu'on les obligeât à en faire la reftitution (a). Pourqnoi n'a-t-on pas exécuté ce Décret? Pourquoi n'en a-t-on jamais donné un pareil, dans la fuite? Suppofé qu'il eut été impoffible de découvrir tous les poffeffeurs injuftes, pourquoi fermer les yeux fur les autres? Et en fuppofant encore qu'il eut été injufte de chaffer des terres appartenantes originairement au public, ceux qui les poffédoient

doient actuellement de bonne foi, ou à titre
de vente, ou d'hérédité, pourquoi s'obstiner
àempêcher qu'on ne reconnut ceux qui ne pouvoient alléguer aucun titre de leurs possessions? Dans la même affaire de la Loi Cassia,
le Sénat, après avoir entendu les avis d'Appius & de Sempronius Aratinus, avoit ordonné qu'on créeroit des Décemvirs d'entre les
plus anciens Consulaires, qui, après s'être
transporté sur les lieux, prononceroient sur
la quantité des terres que la République pourroit affermer, & sur ce qu'on en distribue-
roit aux Citoyens. Ce Décret ferma pour
lors la bouche au peuple : ce qui prouve bien
que son intention n'étoit pas de tout boule-
verser. Il ne vouloit déposséder que ceux
qui pourroient être aisément convaincus de
l'injustice de leur possessions, à l'égard des
biens publics. Mais le Sénat n'eut garde d'exécuter son propre décret: au contraire, il fit
tout son possible pour se tirer du pas glissant
où il se trouvoit alors; & dès qu'il en fut
sorti, il ne s'y rengagea plus : dés-lors, les
plaintes du peuple se renouvellèrent, mais
le Sénat les méprisa constamment. Une conduite si unanime, & en même tems si dérai-
sonnable & si injuste, me fait pencher à croire que la plus-part des Sénateurs possédoient,

fans

fans titres fuffifants, des terres qui apparte-
noient au public, & que c'etoit là ce qui les empêchoit d'avoir la moindre condefcendance
pour les demandes du peuple. Il eft conftant d'ailleurs que la plus grande partie des
Patriciens avoient amaffés de grands biens,
long-tems avant d'avoir à gouverner les Provinces, d'où ils tirérent dans la fuite des tréfors immenfes, & avant que le commerce fe
fut établi à Rome, fur un bon pié. Il me
paroit donc très probable, qu'ils n'auroient
jamais pu fe former de fi amples patrimoines, s'ils n'avoient pillé le domaine public.

Quand on étudie bien l'efprit de ce Corps,
on ne peut s'empêcher de découvrir en lui
des vuës exceffives d'intéret & d'ambition;
& de reconnoître qu'il ne cherchoit pas moins
à fe foumettre le peuple de Rome, & à le
piller, que les autres peuples de l'univers.
Quand tout le refte de fa conduite feroit équi-
voque, quand toutes fes autres démarches
feroient excufables, l'emportement & la fureur avec laquelle il s'oppofa d'abord à la
Loi Terentilla, & enfuite aux mariages entre les Patriciens & les plébeïens, décélent
affés & mettent dans le plus grand jour l'iniquité de fes deffeins. Après l'expulfion des
Rois, les Romains étoient reftés fans Loix
civi-

civiles. Les pratiques & la coutûme du bar-
reau n'étoient connuës que des Patriciens ; &
ils tenoient cachée avec foin, même cette ombre de Jurisprudence. Les Confuls rendoient
la juftice d'une manière arbitraire : il n'y avoit
d'autre règle de jugement, que l'équité naturelle
des uns, ou le caprice des autres, & par conféquent point d'uniformité dans les décifions.
Le Tribun Terentillus Arfa propofa une Loi,
l'an 292 de Rome, pour fixer la Jurisprudence, & empêcher que les biens des particuliers ne fuffent plus long-temps le jouet des
caprices & des paffions des Patriciens, en fou-
mettant les jugemens à des Loix qui fuffent
connuës de tous. Les Patriciens eurent l'impudence de contefter avec les Tribuns & le
peuple, pendant l'efpace de près de dix ans ; &
ils fe portèrent aux dernières extrémités, avant
que de confentir qu'on établit des Loix per-
manentes (a). Quelques années après, ils
ne rougirent pas de montrer le même entête-
ment & la même animofité, pour foutenir
l'orgueilleufe Loi des Décemvirs, qui défendoit aux Patriciens de contraĉter des mariages
avec les plébeïens. Il fallut que le peuple
leur arrachàt de vive force l'abolition d'une

Loi

______

(a) Tite Live Liv. 3. ch. 9. Denys d'Halicarn. L. 10.

Loi fi humiliante pour lui (*a*). Eft-il rien de plus indigne que de voir ces Patriciens, tenir à honte de mêler leur fang avec celui des plébeïens, qui partageoient avec eux le Gouvernement de la République, & qui n'étoient pas leurs fujets, mais leurs Concitoyens? Il falloit qu'ils fuffent dominés par une ambition bien exceffive & bien aveugle, pour s'oppofer fans pudeur à des demandes auffi juftes & naturelles que l'étoient celles qui avoient pour objets les Loix, & les mariages.

Cependant ce même Corps poffédoit, à d'autres égards, des vertus bien admirables: fageffe, prudence, intrépidité, conftance, fermeté, amour de la Patrie, toutes ces vertus lui étoient fi naturelles, & il les portoit à un dégré fi éminent, qu'on n'en trouve prèsque point d'exemples pareils dans l'Hiftoire des autres peuples. Elles n'illuftroient pas feulement le Corps entier; on les voioit encore briller féparément dans les individus qui le compofoient; & ceux ci y joignoient de plus ordinairement la tempérance, la frugalité, la valeur, la haine de l'oifiveté, l'impatience de fe diftinguer par des actions utiles à la Patrie. Comment tant de vertus ont-elles pu
s'al-

(*a*) Denys d'Hallicarn. L. II. Forus Liv. I. ch. 25.

s'allier avec un esprit d'avidité & d'orgueil
si marqué ? Je trouve la clef de cette enigme
dans les Institutions que Romulus, Numa ,
& Servius Tullius donnèrent au peuple Romain.

Nous avons vû que ces Rois prirent tous
les soins possibles, pour inspirer à leurs sujets
l'amour de l'agriculture & de la vie champêtre. Or cette vie active & frugale de la campagne, cet exercice dur & continuel de l'agriculture, cette nécessité de travailler pour forcer les terres à fournir la subsistance , forment ensemble une excellente école de bien
des vertus morales, & font ignorer ou haïr
bien des vices, en tenant les hommes presque
toujours éloignés des villes, qui font le sé-
jour ordinaire de l'oisiveté & de la débauche.

Il étoit naturel que les individus d'une pareille nation cherchassent à augmenter leurs
biens: le même motif, qui les excitoit à labourer avec tant de soin leurs petits champs,
devoit les pousser aussi à les accroître. Il étoit
naturel que les Patriciens, accoutumés sous
les Rois à gouverner le peuple avec eux, se
laissassent aller à l'ambition, & au désir d'asser-
vir les plébeïens, même après avoir été les
auteurs de l'expulsion des Rois, & d'une nouvelle forme de Gouvernement. Mais les In-
sti-

ftitutions , que tout le peuple avoit re-
cuës des Rois, & qui s'enracinèrent dans fon efprit par l'éducation qui les fuivit , durent auffi
produire de bons éffets , & communiquer à
cette nation les vertus qui marchent toujours à la fuite des bons établiffemens, & d'u-
ne pareille education.   Il eft beau, il eft important de confidérer de plus-près les effets
admirables de ces fages Inftitutions : entrons
dans leur détail.

D'abord, on remarque une eftime, & une
paffion extraordinaire pour l'agriculture, ré-
panduës généralement dans toute la nation
Romaine, au point que c'eft un des traits les
plus marqués de fon caractère.   Cette paffion
animoit également les Patriciens & les plébeïens. Dans les cinq prémiers fiécles,& même bien avant dans le fixiéme, on voyoit des
perfonages des plus illuftres familles, & qui é-
toient parvenus aux prémières dignités de la
République, s'occuper à tous les travaux que la
culture d'un champ peut exiger. Le plus grand
homme du troifiéme fiécle de Rome, Quintius
Cincinnatus, conduifoit dans fon champ la charuë , lorfque les députés du Sénat vinrent l'a-
vertir qu'on l'avoit créé Dictateur (a). A la
fin

(a) Tite Live Liv. 3. ch. 2x. Valére Maxime Liv.
4. ch. 4. n. 7.

fin du cinquième siécle, Regulus qui, après avoir défait les Carthaginois pendant son Consulat, commandoit, en qualité de Proconful, les armées d'Afrique contre les mêmes ennemis, écrivit au Sénat pour lui demander un succeffeur, afin qu'il pût aller labourer le seul champ de sept arpens qu'il avoit en Pupinie, parce qu'on lui avoit mandé qu'un de ses Ouvriers, profitant de la mort de son fermier, s'étoit enfuï, après avoir enlevé tous les instruments du labourage (*a*). On peut bien penser que le Sénat ne lui accorda pas pour cela son rappel : il ordonna que son champ feroit cultivé aux dépens de la République ; qu'on rachèteroit l'équipage ruftique qui avoit été volé ; & que l'Etat fe chargeroit de la nourriture de fa femme & de fes enfants. La petiteffe de l'objet de fa demande, & le décret que le Sénat porta à cette occafion, prouvent évidemment combien l'agriculture étoit honorée dans ce tems là, puisque la néceffité de labourer fon champ étoit regardée comme un motif fuffifant, pour quitter une armée triomphante, au fort de la guerre. Figurons nous, ce qu'on ne peut fuppofer fans reffentir une forte d'horreur, qu'une troupe

de

(*a*) Valere Maxime Liv. 4. ch. 4. n. 6. Tite Live Epitom. du Liv. 18.

de Nobles de nos jours eut compofé le Sénat
de Rome, au moment que la lettre de Régulus y arriva: quelle réfolution ce Sénat auroit-
il pris, au fujet du vainqueur des Carthaginois?
Détournons en la penfée; tirons le rideau là
deffus. Ce même Régulus étoit occupé à
enfemencer fon champ, lorsque les Officiers,
envoyés par le Sénat, vinrent lui annoncer
qu'il avoit été nommé Conful (a).

Mais, dira-t-on, ces exemples de Patriciens, qui labouroient eux mêmes leurs terres, étoient-ils affez fréquent chez les Romains, pour qu'on puiffe en conclure que
l'agriculture étoit un exercice commun parmi les Nobles? Varron, Columelle, Cicéron, Pline, & d'autres affutent que cette coutûme étoit générale chez eux, dans les prémiers fiécles de la République (b). Mais
fuppofé que le plus grand nombre des Patriciens fe trouvât affez à fon aife, pour fe dis-
penfer ordinairement de s'apliquer aux travaux ruftiques, l'eftime que le Sénat & le peuple témoignoient à ceux qui travailloient la
ter-

(a) Valére Maxime Liv. 4. ch. 4. n. 5. Pline L. 18.
ch. 3.

(b) Varro L. 1. ch. 1. de re ruftica. Columella L.
1. ch. 1. Pline Hiftoire natur. L. 18. ch. 2. & 3. Cicer. de feneéture.

Part. II.   O

terre, au point de les choifir pour le gouvernement de la ville & le commandement
des armées, prouve affés le cas que l'on faifoit alors de l'agriculture. Quand on voit le
peuple élire de concert, & le Sénat inviter
avec joie les troupes à recevoir pour Conful,
un homme qui s'occupe à enfemencer fon
champ, à conduire la charuë, & à manier la
bêche, il faut bien juger que l'agriculture &
les Agriculteurs étoient en trés grand honneur chés ce peuple. Le Sénat fit voir, à la
prife de Carthage, combien peu il eftimoit
toutes les fciences, & quel cas il faifoit au
contraire de l'agriculture. Il y avoit, dans cette ville, un grand nombre de Bibliothéques:
Scipion confulta le Sénat fur ce que l'on devoit en faire. Il lui fut ordonné de les diftribuer entre les Rois de l'Afrique, alliés du
peuple Romain, & de garder feulement les
vingt huit livres de Magon fur l'agriculture,
que ce même Sénat fit enfuite, par un décret, traduire en langue Latine (a).

Enfin, l'eftime que l'on avoit à Rome pour
l'agriculture, alloit anciennement fi loin,
que l'on penfoit que quiconque étoit un bon
laboureur, ne pouvoit manquer d'être un honnête

______

(a) Varro. Columella. & Pline loc. cit.

nête homme. Auſſi quand les anciens Romains vouloient faire entendre qu'un tel étoit honnête homme, ils avoient coutûme de dire qu'il étoit un bon Agriculteur: c'étoit même là le plus grand éloge qu'ils donnoient à un Citoyen (*a*).

Ce penchant ſi marqué des Romains pour l'agriculture leur valut de grands avantages. D'abord, la population étoit chez eux extrêmement conſidérable: on voit par leurs prémiers dénombrements, que, malgré les guerres meurtrières qu'ils avoient ſans ceſſe & prèsque ſans interruption ſur les bras, ils n'eurent jamais moins de cent trente mille Citoyens, ſans compter les enfants au deſſous de dix ſept ans, & ceux qui paſſoient les quarante ſix: car dans ces dénombrements on ne comptoit jamais que ceux qui étoient en état de ſervir la Républiqne dans la milice (*).

Il

(*a*) Cato de re ruſticâ ch. 1. Virom bonum quam laudabant, ita laudabant, bonum Agricolam, bonumque Colonum: ampliſſime laudari exiſtimabatur qui ita laudabatur.

(*) On ſe rappelle que, comme je l'ai déja dit ci deſſus, dans le tems dont je parle, l'Etat de Rome étoit extrêmement borné, de tous côtés: les Sabins, les Étrusques, les Latins, es Herniques, les Eques, & les Volſques le ſerrant de près de toute part. Dans le dénombrement qui s'y fit, avant la guerre contre les

Sam-

Il eſt vrai qu'il étoit ordonné par les Loix à tout Citoyen, de ſe marier au moins une fois dans ſa vie, ainſi que Denys d'Halicarnaſſe le remarque (*a*), au ſujet du carnage que les Eques firent de ces Fabiens, qui avoient entrepris de défendre l'Etat Romain contre les invaſions de cette nation Etrusque; & l'on fait avec quel ſoin les Cenſeurs veilloient à ce qu'aucun Citoien ne reſtàt dans le Celibat. Mais toutes les Loix & tous les ſoins des Magiſtrats, pour porter les peuples au mariage, ſont inutiles là où l'on manque de ſubſiſtance: au lieu que, comme dit Mr. de Montesquieu, partout où il ſe trouve une place où deux perſonnes peuvent vivre commodément, il ſe fait un mariage. L'abondance des vivres fut un autre éffet de l'amour des Romains pour l'agriculture. Auſſi long-temps que les Grands n'enlevèrent pas des champs à la culture, pour en faire des jardins immenſes & des lieux conſacrés à la volupté, on ne voit point que Rome, quelque nombreux que fut ſon peuple, eut beſoin de recourir à des na-

Samnites , on compta cent ſoixante mille Citoyens, comme le rapporte Euſébe dans ſa Chronique: bientôt après, il montèrent à deux cens cinquante mille.
(*a*) Denys d'Halicarn. Liv. 8.

nations étrangères, pour en tirer les denrées
nécessaires à la vie. Cela n'arriva que rarement, & par des accidens extraordinaires: car
l'abondance des vivres & la population font
des biens communs à tous les peuples agriculteurs. L'esprit d'agriculture procura encore aux Romains un autre avantage, qu'on peut
regarder comme étant particulier à eux
feuls, eû égard à l'ufage qu'ils fçurent en faire. Nous avons vû que, dès le tems de fon
prémier Roi, Rome s'étoit mife en poffeffion
de diftribuer, dans les villes conquifes, une
partie de fes Citoyens. Cet établiffement
leur procura plufieurs avantages très confidérables. Par ce moyen, l'Etat fe déchargeoit
fouvent d'une foule de gens inquiets & indi-
gents; il étendoit & affermiffoit la domination de la Métropole; il tenoit en refpeét les
Provinces frontières; il en recevoit des fub-
fides confidérables en hommes & en argent.
Dans la guerre que Rome eut à foutenir en
Sicile contre Annibal, c'en étoit fait de fon
Empire, fi la plus-part de fes Colonies ne lui
euffent envoyés de puiffants fecours (a).
Rome avoit déja alors trente Colonies for-
mées, dont douze lui devinrent infidèles, dans
ce

(a) Tite Live Liv. 26. ch. 9.

O 3

ce tems là. Or Rome ne dut la facilité de former tant de Colonies, qu'à l'efprit d'Agri-culture qui régnoit parmi fon peuple. Un Citoyen Romain s'eftimoit heureux, lorsque après vingt ans de fervice militaire, après avoir perdu la meilleure partie de fes forces & de fa vie contre les ennemis de fa Patrie, on lui donnoit en propriété, dans quelque en-droit éloigné de celui de fa naiſſance, quel-ques arpens de terre, qui, à l'aide de fon travail, puſſent lui fournir fa fubfiftance, le refte de fes jours. Dans le tems même de la corruption des mœurs, & de la licence la plus éffrénée, Céfar plaça de cette maniè-re plus de cent mille Citoyens, qui étoient dévoués à fon parti (*a*). Ainfi un Citoyen Romain, qui, en reftant à Rome, étoit en droit de décider dans les aſſemblées publiques du fort des plus grands Rois, de diftribuer les dignités de la République, d'élever au plus haut rang celui des Citoyens qu'il vou-loit favorifer, d'abaiſſer ceux qu'il haïſſoit, d'opiner enfin pour la paix ou pour la guer-re,

(*a*) Suétone vie de Jules Céfar. Appien dit qu'a-vant Céfar, Sylla avoit placé de la forte environ cent vingt mille Citoyens, fcavoir vingt trois légions de fes troupes.

re, renonçoit avec joie à tous ces avantages, pour aller cultiver un morceau de terre.

Pour fentir toute la force de cette réflexion, on n'a qu'à comparer ce caractère des Romains avec celui des Soldats de nos jours, qui, malgré l'extrême aviliffement où ils font, & quoiqu'ils n'ayent rien à perdre chez eux, regarderoient comme un fupplice ce que les Romains envifageoient comme une récompenfe.

Les Romains devoient fans doute à l'agriculture, la force immenfe de leurs corps, qui les rendoit fi propres à tous les travaux de la guerre, & fi redoutables dans les combats, où les gens robuftes avoient tant d'avantage fur les foibles, dans un temps que la mousquéterie & le canon ne pouvoient emporter alors, comme aujourd'hui, les uns & les autres indiftinctement. Les Soldats Romains étoient les gens les plus robuftes, que la terre ait peut être jamais produits. En cinq heures, ils faifoient vingt mille de chemin, & fouvent vingt-quatre : & pendant ces marches, ils portoient pour foixante livres de poids (a). Jofeph dit qu'il y avoit peu de différence entre un Soldat Romain &

un

(a) Vegec. Liv. 1,

O 4

un cheval chargé : & de fait on leur donnoit
par dérifion le nom de mulets (*a*).   Ces fatigues n'étoient pas au deffus de leur forces ,
parce qu'un Soldat Romain venoit toujours
de la campagne, où il s'étoit déja endurci aux
travaux : auffi ne voit-on pas dans l'Hiftoire,
que ces fatigues exceffives fiffent périr leurs
armées , tandisque de beaucoup moindres
font périr les nôtres.   Nos Soldats, lorsqu'ils
ne font point en guerre , vivent dans la plus
grande oifiveté. Ce paffage du repos & de la
pareffe à une fatigue extraordinaire, fond nos
armées : au lieu que, chez les Romains, le travail étoit une habitude, parce qu'ils alloient
de la campagne à la guerre , & que de la
guerre ils retournoient à la campagne. Quand
les armées n'étoient pas actuellement employées contre les ennemis, on les occupoit à
des exercices militaires, à conftruire des che-
mins, à creufer des canaux, à faire des aqueducs, à élever des murailles : ils mettoient
tant de travail & d'adreffe dans ces ouvrages,
que les reftes, que l'on en voit aujourd'hui
dans les différentes contrées qui ont été oc-
cupées autrefois par les Romains, nous frap-
pent d'admiration.

La

(*a*) Jofeph de la guerre Judaïque Liv. 2. Voy. Valtrin de re milit. veter. Roman, Liv. 1. ch. 1.

La défertion, prèsque inconnuë au commencement parmi les troupes Romaines, ne
devint pas fréquente, même dans les temps
où les mœurs anciennes fe trouvoient affoi-
blies, & corrompuës par la débauche & lali-
cence. Selon les Inftitutions de Servius Tullius, un Soldat Romain devoit pofféder pour
le moins deux arpens de terre: car ceux de
la fixième claffe ne pouvoient pas être enrô-
lés dans la milice: ainfi, le Soldat étoit attaché à fa Patrie par fon champ. Ce ne fut
que dans des circonftances extraordinaires, &
même vers la fin de la République, qu'on fe
détermina à enrôler les affranchis & les artifans, qui n'avoient point de terres : mais
lorsqu'on pouvoit s'en paffer, on ne s'en fer-
voit jamais. On avoit mauvaife opinion des
gens, qui n'étoient pas accoutûmés à de certaines fatigues, & qui peuvent emporter
leur induftrie avec eux (a), partout où ils
vont. Ces confidérations infpiroient aux Romains un fi grand mépris pour les artifans,
que le Cenfeur Fabius ayant jetté, le prémier après Servius Tullius, dans les quatre
Tribus urbaines où étoient les artifans, toute la lie des Citoyens, qui s'étoit formée des
au-

(a) Voy Valtrin de re milit. veter. Roman. L. 2. ch. 5.

autres Tribus, le peuple lui donna par reconnoiſſance le ſurnom de *Maximus* : honneur que ſes exploits militaires, quelques glorieux qu'ils fuſſent, ne lui avoient pû mériter (*a*).

L'aplication à l'agriculture, & la petiteſſe des domaines, avoient rendus les Romains extrêmement frugals. L'Hiſtoire nous fournit deux preuves des plus convaincantes de cette frugalité, ſçavoir la nourriture des Soldats, & les Loix Somptuaires de ce Peuple. Ces troupes, ſi chargées de travaux, ne ſe nouriſſoient prèsque que d'un peu de pain mal cuit, & d'une petite meſure de farine de froment, cuite dans l'eau : leur boiſſon ordinaire n'étoit que de l'eau avec du vinaigre (*b*) : & s'il arrivoit par la négligence de quelque Général, ou par l'abondance des denrées du païs qui étoit le théatre de la guerre, que les Soldats commençaſſent à vivre mieux,

ceux

(*a*) Tite Live. L. 9. ch. 46

(*b*) Spartian. dans la vie de Poſcenaius dit de lui : hic fuit tantæ ſeveritatis . . . . . ut juſſerit omninò argentum ſummoveri de uſu expeditionali , addito eo ut ligneis vaſis uterentur. Idem juſſit vinum in expeditione neminem bibere, ſed aceto univerſos eſſe contentos. Idem piſtores ſequi expeditionem prohibuit, bucellato jubens milites & omnes contentos eſſe.

ceux qui fuccédoient dans le commandement de ces armées s'appliquoient d'abord, avant toute autre chofe , à ramener les Soldats à leur ancienne manière de vivre. C'eft ainfi que le fecond Scipion l'Afriquain en ufa envers l'armée qui affiégeoit Numance en Efpagne , & Metellus envers celle qui faifoit en Afrique la guerre à Jugurtha (*a*). Or fi l'on fait réflexion que les armées Romaines n'étoient pas ordi-nairement compofées d'un ramas de miféra-bles, mais de Patriciens, de Chevaliers, & de ce qu'il y avoit de mieux dans l'Ordre du peuple , ou peut juger aifément que ces Sol-dats n'auroient pas pu s'accommoder de pa-reils aliments en campagne , s'ils n'y euffent été préparés chés eux par une extrême fobriété, en temps de paix. C'eft ce que leurs Loix fomptuaires prouvent encore claire-ment. En 591 , Fannius, ou la Loi Fannia permettoit de dépenfer cent as, par repas, en certains jours de fêtes : ce qui fait envi-ron douze livres : trente as, dix fois par mois : & dix feulement, (*a*) les autres jours : ce qui ne fait qu'un peu plus de deux livres de no-

tre

(*a*) Tite Live Epit. L. 57. Salluste. guerre de Ju-gurtha.

(*b*) Aulugelle L. 2. ch. 24.

tre monnoyᵉ : encore ai-je fuivi, dans cette
évaluation, la fupputation d'Arbuthnot; au
lieu que, felon celle de Rollin, il faudroit
encore en rabatre la moitié. En 642, le Tribun P. Licinius Craffus propofa une autre Loi
fomptuaire, qui différoit peu de la Loi Fannia. Elle ordonnoit que tous les jours de Ca-
lendes, de Nones, & de marchés, les Citoyens ne pourroient dépenfer que trente as
par repas; & que les autres jours, qui n'é-
toient point exceptés, on ne pourroit confommer que trois livres de viande féchée &
une livre de viande falée, fans compter les
fruits (a). Le Sénat reçut la propofition de
cette Loi avec tant de plaifir, & témoigna
tant d'empreffement à la mettre en exécution,
qu'il en ordonna l'obfervation, avant même
qu'elle eut reçu la fanction requife par les
fuffrages du peuple. Cornelius Sylla, dans
un tems où l'opulence des Romains étoit par-
venuë à fon plus haut dégré, tempéra un
peu la Loi de Licinius: il permit de dépenfer près de quatre livres, les jours folemnels,
& environ onze fols, les jours ordinaires
(b). Or toutes ces Loix n'auroient-elles pas
été

(a) Aulugelle loc. cit.
(b) Aulugelle loc. cit. Macrob. L. 3. ch. 17.

été ridicules & impraticables, fi les Romains n'avoient pas été extrémement fobres? Encore faut-il obferver que, dans le tems où l'on porta ces Loix, le prix des denrées à Rome n'étoit pas de beaucoup inférieur à celui d'aujourd'hui; & que certaines chofes y étoient même beaucoup plus chères qu'elles ne le font de nos jours: c'eft ce dont on voit plufieurs exemples dans Arbuthnot (*a*).

Après cela, il n'eft pas furprenant que les Ambaffadeurs, envoyés par le Sénat au commencement du feptième fiécle à Ptolomée Phifcon Roi d'Egypte, étonnaffent ce Prince & fa Cour, par leur frugalité. Ces Ambaffadeurs étoient Scipion l'Africain, Spurius Mummius, & L. Metellus. Scipion, le plus riche & le plus puiffant Seigneur de Rome, n'avoit avec lui qu'un ami, qui étoit le fameux Philofophe Panetius, & cinq domeftiques. Pendant leur féjour en Egypte, le Roi leur fit fervir à table tout ce qu'il y avoit de plus exquis: mais aucun d'eux ne toucha jamais qu'aux mets les plus fimples.

La Cenfure de Fabricius Lufcinus nous fournit encore une autre preuve bien remarqua-

(*a*) Tables of ancient coins. Differt. of Roman money affairs ch. 2. & fuiv.

quable de la frugalité des Romains. Ce grave Cenſeur retrancha du nombre des Sénateurs, l'an 478 de Rome, Cornelius Rufinus, qui avoit été deux fois Conſul & une fois Diſtateur, parcequ'il avoit'une vaiſſelle d'argent, du poids de dix livres, c'eſt-à-dire, de quinze marcs & cinq onces de notre poids (a).

Il n'y avoie donc, vers la fin du cinquième ſiécle, où la grandeur Romaine étoit déja montée à un trés haut point, aucun Patricien ni aucun Sénateur, à l'exception de Cornellius, qui poſſédât dix livres d'argenterie. Plus d'un ſiécle après, M. Œmilius Porcina conçut le deſſein de faire bâtir une maiſon de campagne, qui, par la hauteur qu'il lui donna, avoit l'air d'une maiſon de plaiſance. L. Caſſius l'accuſa devant le peuple, & il fut condamné à une groſſe amende (b). Je raporterai ici en paſſant l'exemple extraordinaire d'économie, que donna M. Œmilius Lepidus. Cet homme illuſtre, qui avoit été deux fois Conſul, & qui mourut Souverain Pontife & Prince du Sénat, ordonna dans

ſon

(b) Valere Maxime L. 2. ch. 9. Tite Live Epitom. du Liv. 14. Plutarque vie de Sylla. Sénéque de vita beata ch. 21.

(b) Valere Maxime Liv. 8. ch. 1. n. 7.

fon Teftament à fes fils, de faire emporter fon cadavre fur un fimple lit fans linge & fans pourpre, & de ne dépenfer que onze fols pour le refte de fes funérailles (*a*). Après tant de preuves & tant d'exemples de la frugalité Romaine, qu'on ne s'étonne pas fi, parmi un peuple qui conferva pendant plufieurs fiécles un pareil caractère, on ren-contre quelquefois, même dans les tems où le luxe & la débauche commençoient à étendre leur empire, d'illuftres particuliers qui ne connoiffoient pas feulement les objets du luxe. L'exemple de Lucius Mummius eft mémora-ble. Ce Général, qui prit & brûla la fuper-be ville de Corinthe, la même année que Sci-pion détruifit Carthage, fe connoiffoit fi peu en luxe, que, voulant faire transporter de Corinthe à Rome des ftatues & des tableaux, faits par les plus grands artiftes de la Grè-ce, il avertit ceux qui s'étoient chargés de ce transport, de prendre bien garde de ne rien perdre, parce qu'il les obligeroit à remplacer à leurs dépens les chofes perduës (*b*).

Des gens placés fur de petits héritages, & apliqués uniquement à les cultiver, devoient

né-

(*a*) Tite Live Epitôme du Livre 48.
(*b*) Velleius Paterculus Hift. Liv. 1.

néceſſairement avoir une autre vertu; celle de méprifer les riches vicieux, & d'eſtimer les pauvres vertueux, & ... és de talents. On voit par les conteſtations continuelles que les plébeïens eurent avec les Patriciens, depuis le commencement de la République jusqu'à ſa fin, avec combien de mépris le peuple traitoit le Corps des Nobles, lorsqu'il ne l'enviſageoit que comme une compagnie de gens riches. C ... iciens étoient, au commencement . ... on de toutes les dignités de la Rep. ... ; ils étoient les maîtres du Gouverneme... & de la Religion: mais le peuple ſe mit bientôt dans l'eſprit, de partager avec les Patriciens tous les honneurs, & tous les droits qui les élevcient au deſſus de lui, & il les leur arracha tous ſucceſſivement. D'un aûtre côté, quand le peuple ſe trouvoit dans des circonſtances, où les richeſſes n'entroient point en conſidération, & où il ne s'agiſſoit que d'avoir égard au mérite, il n'avoit garde de favoriſer ceux de ſon Corps, au préjudice des Patriciens.

On en voit un exemple frappant, dans les élections des Tribuns militaires. Le peuple avoit obtenu, en 310, qu'à la place des Conſuls, on éliroit des Tribuns militaires, qui en auroient toute l'autorité, & qu'on les choiſiroit in-

indifféremment parmi les Patriciens & les plébeïens. Cependant dès qu'il fut queſtion de faire ce choix, le peuple, ayant égard au mérite perſonnel dès Patriciens qui ſe préſentèrent, les préféra aux plébeïens qui briguoient la même charge, avec la plus grande chaleur; parcequ'il ne voioit pas dans ceux ci le même mérite qu'il remarquoit dans les Candidats Patriciens: aucun plébeïen ne fut élu, même durant plus de quarante ans (*a*). Pendant tout le temps de la République, les Romains conſervérent le bon eſprit de ne pas mépriſer la pauvreté: on en voit des preuves f. quentes dans tous les ſiécles, depuis le commencement jusqu'à la fin. l'Hiſtoire ne nous fournit pas même, que je ſache, aucun exemple qui faſſe ſentir qu'ils aïent jamais attaché aucune idée de déshonneur à la pauvreté: choſe étonnante dans un peuple, qui avoit amaſſé tant de richeſſes, & qui, dans les derniers tems de la République, renfermoit des particuliers qui poſſédoient des tréfors immenſes & incroyables! Il ne tomboit pas dans l'eſprit des Romains qu'un homme vertueux, mais pauvre, dût être moins digne qu'un riche d'occuper les prémières charges
de

______

(*a*) Tite Live L. 4. ch. 6.

Part. II.   P

de la République, & de commander les armées : ils n'avoient pas même l'idée d'un
sentiment si indigne. Ils voyoient souvent
des hommes qui n'avoient pour tout bien
qu'un champ de sept, de quatre, & même
de deux arpens, quitter la charue, pour prendre en main les rênes du Gouvernement,
prévenir les discordes, appaiser les tumultes, concilier les Patriciens avec les plébeïens,
remporter des victoires sur les ennemis, reculer les limites de l'Etat, & rentrer triomphants
dans Rome : tout cela les accoutûma à respe-
cter la pauvreté. Ce peuple n'ignoroit pas
ce que la République devoit à la famille des
Valerius, aux Ménénius Agrippa, aux Quintius Cincinnatus, aux Atilius Regulus, aux
Fabricius, aux Curius Dentatus, aux Eliens,
dont aucun n'avoit jamais eû plus de sept arpens de terre, & dont quelques uns même
n'en possédoient pas autant. Comment un tel
peuple auroit-il pu concevoir du mépris pour
la pauvreté?

Ælius Tubéron vivoit dans un siécle où les
Romains, enflés de leurs longues prospéri-
tés, s'étoient déja jettés dans le luxe & dans la
licence. Il étoit de la famille Ælia, qui con-
sistoit alors en seize pères de famille, dont
chacun étoit marié & avoit des enfants. Tout
leur

leur bien confiſtoit en une petite maiſon dans la ville, & une autre à la campagne, avec un champ modique où ils vivoient tous enſemble (a). Cependant Paul Emile, le plus illuſtre perſonnage & le plus grand Capitaine de ſon tems, le choiſit pour ſon Gendre, & la République pour ſon Conſul. Cela marque clairement que, chez cette nation, le labourage & la modicité des biens n'aviliſſoient pas la Nobleſſe, & ne faiſoient pas méconnoître le mérite, même dans le tems du débordement de ſes mœurs. Il eſt vrai que, dans ce même tems, prèſque tout le monde aimoit l'opulence, & s'abandonnoit à la débauche : mais malgré ce changement de mœurs, il ne tomba jamais dans l'eſprit de ce peuple d'attacher une idée de mérite aux richeſſes, ni de mépriſer la pauvreté, ou ceux qui par choix & ſans néceſſité s'occupoient à labourer leurs terres, lorſqu'ils étoient ſans emploi. Non, ce peuple qui, dans les derniers tems de la République, ſe laiſſoit éblouir par l'or des riches, & qui vendoit ſes ſuffrages à ceux qui les payoient le plus, n'en agiſſoit pas ainſi par un eſprit de mépris pour les gens pauvres

(a) Valere Maxime L. 4. ch. 4. n. 8. Plutarque vie de Paul Emile.

P 2

vres & vertueux , mais parcequ'il se laissoit aller à la cupidité , & qu'il cédoit à la soif de l'or. Quand les séductions de la part des riches venoient à cesser , ce même peuple continuoit à conférer les prémières charges aux pauvres aussi bien qu'aux autres. Il faut absolument dégager notre esprit des préjugés ridicules de nos jours , pour pouvoir bien saisir ce trait du caractère Romain.

Du tems de la guerre de Pirrhus , Rome se trouvoit avoir nombre de grands Capitaines , tous dignes d'être opposés à ce dangéreux ennemi: cependant les Romains ne laissérent pas dans cette occasion d'élever au Consulat , l'un après l'autre , M. Curius Dentatus , & C. Fabricius Luscinus , qui étoient des plus pauvres d'entre les Patriciens , & qui pour cela labouroient eux mêmes leurs petites terres , lorsqu'ils ne se trouvoient pas occupés au service de la République (*a*). Le discours , que Denys d'Halicarnasse fait tenir à Fabricius , dans la conversation qu'il eut avec Pirrhus , en sa qualité d'Ambassadeur Romain , est trés propre à nous donner une idée claire & une preuve autentique de ce caractère Romain. Cet Historien raconte (*b*)

que

(*a*) Valere Maxime L. 4. ch. 3. n. 5. & 6.
(*b*) Denys d'Halicarnasse excerpt. legat.

que Fabricius, ayant été député par le Sénat avec deux autres perfonages Confulaires,
pour traiter avec Pyrrhus du rachat des prifonniers Romains, ce Roi après avoir parlé aux Ambaffadeurs en général, tira à
part Fabricius, pour s'entretenir avec lui par
loifir & librement. Pyrrhus commença à
lui témoigner la haute eftime qu'il avoit pour
fes rares vertus : il lui déclara enfuite qu'il
favoit qu'il étoit fans biens, & que pour réparer le tort que la fortune lui avoit fait à cet
égard, il étoit prêt à lui donner autant d'or
& d'argent qu'il en falloit, pour le mettre
au deffus des plus riches de Rome. Ne croyés pas, ajouta-t-il, que je m'imagine vous faire en cela quelque grace : c'eft moi au contraire qui eftimerai en avoir recu une de vous,
fi vous daignés accepter mes offres. Fabricius lui répondit : „ Il eft vrai, Pyrrhus,
„ que je n'ai ni argent, ni efclaves qui me
„ produifent des revenus : tout mon bien
„ confifte dans une petite maifon, & un
„ petit champ d'où je tire ma fubfiftance:
„ mais vous vous trompés, fi vous croyés
„ que ma pauvreté rende ma condition in-
„ férieure à celle de tout autre Romain, &
„ que je fois moins confidéré, parceque je
„ fuis du nombre des plus pauvres. Quels

P 3

„ hon-

„ honneurs Rome ne m'a-t-elle pas prodi-
„ guée ? Confulat, Ambaffades , Comman-
„ dement des armées, tous cés emplois im-
„ portants, & bien d'autres m'ont été confé-
„ rés.　On m'écoute dans le Sénat: on y fuit
„ mes confeils: je fuis honoré à la ville. Nos
„ mœurs ne font pas femblables aux vôtres.
„ Chez vous, fans richeffes, point d'hon-
„ neurs; & chez nous, l'opulence fans méri-
„ te ne conduit à aucune dignité ,tandis qu'on
„ s'empreffe à mettre la pauvreté vertueufe
„ à la tête de la République. Rome n'admet
„ aux emplois publics que ceux qu'elle en
„ juge dignes, & la confidération des richef-
„ fes & de la pauvreté n'entre pour rien
„ dans ce jugement ;les pauvres y marchent
„ de pair avec les plus opulents & les plus
„ accrédités, dès que le mérite eft égal de
„ part & d'autre. Rome envifage du mê-
„ me œil tous fes Citoyens, & ne reconnoît
„ entre eux d'autre différence que celle de la
„ vertu.　Quant à moi, je m'eftime le plus
„ heureux de tous les hommes, lorsque je
„ me compare aux riches : & je m'envifage
„ même dans cet état avec une forte de com-
„ plaifance & de fierté.　Vous garderés donc,
„ s'il vous plait, vos richeffes, & moi, ma
„ pauvreté & ma réputation. ” Si Fabricius

n'a

n'a pas tenu reéllement ce langage à Pyrrhus, il eft dumoins tel qu'il auroit pu le lui
adreffer. Denys d'Halicarnaffe, très fçavant
dans l'Hiftoire Romaine, a parfaitement exprimé ici les idées de ces Héros campagnards.

C'eft fans doute au genre de vie ruftique
que Rome fut redevable du défintéreffement
extraordinaire de plufieurs de fes Héros. Ces
Nobles, accoutumés dès leur jeuneffe à labourer leurs terres par néceffité, & formés
par là à une vie rude, fimple, & innocente, fe
piquoient, lorsqu'ils fe trouvoient placés au faite des dignités, de rendre leur pauvreté même refpectable, & d'élever leur état au des-
fus de celui des riches, par le mépris des richeffes. C'eft ce qui les portoit non feulement à négliger, mais à rejetter même les
moyens les plus légitimes de s'enrichir : ils
dédaignoient les richeffes , jusqu'à refufer
celles qu'on venoit leur offrir, & que la
République elle même leur préfentoit. Ce
défintéreffement excitoit une admiration uni-
verfelle : & cette admiration fit que plufieurs
Grands, élevés à la ville, s'efforcèrent dans la
fuite de la mériter par l'imitation d'une fi noble vertu.

Ce n'eft pas au hazard que j'avance, que

l'ex-

l'exemple d'un si beau défintéreffement fut
l'effet de la vie champêtre. Avant les Pauls
Emiles & les Scipions, Rome avoit eu fes
Quintius Cincinnatus, fes Regulus, fes Curius, fes Fabricius, tous gens élevés à la
campagne. Quintius avoit rendu à la République les fervices les plus importants, pendant l'exercice de fon Confulat & de la Dictature. Lorsqu'il fe démit de ce dernier emploi,
le Sénat lui offrit de prendre dans les terres
qu'il venoit de conquérir autant qu'il en voudroit, avec le nombre d'efclaves & de be-
ftiaux néceffaires pour les faire valoir : le Dictateur le remercia, & partit pour cultiver fon
champ de quatre arpens (a). Deux fiécles
après, les Samnites, réduits à l'extrémité par
M. Curius Dentatus, qui étoit alors Conful,
députèrent vers lui les principaux de leur nation, & lui firent offrir des préfents confidérables, pour l'engager à les aider de fon crédit dans le Sénat, & à leur faire obtenir des conditions de paix favorables. Ils le trouvèrent à
la campagne auprès de fon foier, prenant fon
repas fur un plat de bois. Après lui avoir
expofé le fujet de leur Ambaffade, ils lui préfen-
tèrent l'or & l'argent qu'ils étoient chargés de
lui

(a) Denys d'Halicarnaffe L. 10.

lui remettre. Curius refufa conftamment leurs offres, & leur dit, qu'il trouvoit plus beau de commander à desgens riches que de l'être foi même (*a*). Ce même Curius rejetta depuis l'offre de cinquante arpens de terre, que le Sénat lui fit, pour le récompenfer des fervices importants qu'il avoit rendus à l'Etat, dans les guerres contre les Samnites & le Roi d'Epire. Ce fut à cette occafion qu'il dit, qu'il regardoit comme un méchant Citoyen, celui qui ne fe contentoit pas de fept arpens (*b*). Fabricius, qui méprifa l'or de Pyrrhus, avoit déja donné auparavant d'autres preuves éclatantes de fon defintéreffement. Revêtu de la dignité confulaire, il avoit été envoyé contre les Samnites, les Lucaniens, & les Brutiens : il avoit ravagé une grande étenduë de païs, vaincu l'ennemi en plufieurs batailles, emporté d'affaut plufieurs villes opulentes, enrichi toute l'armée de leurs dépouilles, & mis encore quatre cent mille écus dans le tréfor public. Dans toutes les occafions qu'il eut d'amaffer de grandes fommes

d'ar-

(*a*) Cicer. de Seneſtute· Valere Maxime L. 4. ch, 3. n. 5·

(*b*) Valere Maxime L. 4. ch. 3. n. 5. Pline L. 18: ch. 3.

P 5

d'argent, fans aucun reproche, il ne négligea
que fes propres intérêts. Ce font ces grands
Héros, & plufieurs autres perfonnages d'un
mérite diftingué, élevés comme eux à la
campagne, qui furent, par leur défintéreffement autant que par d'autres vertus, les mo-
dèles des Pauls Emiles, des Scipions, &
des Mummius.

Ce peuple, dont tout ce qu'il y avoit d'honnêtes Citoyens tiroient leur fubfiftance de la
campagne, & trouvoient dans leurs champs
tout ce qui fuffifoit à leurs befoins, devoit
être naturellement fier. Il fe voyoit pauvre,
mais indépendant; parceque ceux qui aiment la frugalité & le travail, n'ont pas befoin
pour pourvoir à leur entretien d'aller faire leur cour aux Grands, ni de flatter leurs
vices, leur infolence, & leurs fottifes: ils trouvoient chez eux tout ce qu'il leur falloit.

Ce même principe infpira encore aux Romains l'amour de l'égalité. Mr. de Montefquieu
dit que cet amour n'eft jamais féparé de celui
du travail & de la frugalité: rien n'eft plus
jufte que cette réflexion La frugalité d'un
Agriculteur le rend indépendant: cette idée
fait fon bonheur: & le fentiment de ce bonheur l'engage à fe maintenir dans fon indé-
pendance, & à refifter à tous ceux qui s'éf-
for-

forcent de la lui ravir. Si nous cherchons l'origine de toutes les contestations que les plébeïens eurent à Rome avec les Patriciens, nous verrons qu'elles se sont élevées à l'occasion de la possession des champs, & qu'elles ont fini par rendre les plébeïens égaux aux Patriciens. Au commencement de la République, ces derniers se trouvoient en possession de tous les honneurs, & de toutes les dignités de l'Etat : alors les plébeïens ne songeoient point à leur contester ces prérogatives, ni à prétendre aux mêmes droits. *Nous ne vous disputons point les premiers rangs,* dit le Tribun Licinius aux Sénateurs assemblés pour l'affaire de Coriolan, *ni l'éclat de la Magistrature, & nous n'envions point les marques d'honneur à ceux que la fortune ou le courage ont élevés parmi vous.* Mais les Grands, ne se contentant pas de posséder seuls les honneurs, voulurent encore être les seuls maîtres des terres & des campagnes de Rome. A la faveur de l'usure, ils commencèrent à enlever peu à peu aux plébeïens leurs maisons, leurs champs; & par différentes voyes, ils se mirent encore en possession du domaine du public. Cette conduite enflamma la fureur du peuple contre les Nobles: ce qui fut cause qu'il ne se contenta plus de défendre ses pos-

feffeſſions contre leurs uſurpations, mais qu'il voulut encore avoir part à tous les honneurs, & à toutes les dignités de la République. Mariages, Conſulats, Sacerdoce, Prêture, Cenſure, Edilité, Queſture, toutes les prérogatives en un mot durent être partagées avec les plébéïens, ſi on ne vouloit pas perdre entiérement la République. Le peuple crut devoir ſe mettre entièrement au niveau des Patriciens, afin de n'être plus expoſé à voir ſes champs devenir la proie de la Nobleſſe. C'eſt une choſe remarquable que, dans ces diſputes, les plus pauvres Sénateurs furent prèsque toujours du côté des plébéïens contre ceux de leur Ordre. Si les Patriciens avoient pour eux les Sénateurs de la riche famille Claudia, qui ſoutenoient en forcenés les injuſtices de leurs Collégues, ils avoient auſſi contre eux les Valerius, les Menenius Agrippa, les Horaces, & pluſieurs autres des plus pauvres de cet Ordre, qui défendoient avec fermeté les droits du peuple. Il eſt conſolant de ſuivre ce peuple dans tous les mouvements qu'il ſe donne, pour s'arracher des mains des Patriciens, & ſe mettre en liberté, lui, & ſes poſſeſſions. J'aime à le voir exciter des tumultes & des ſéditions ; ſe retirer ſur le mont ſacré, ſur le mont Aventin, ſur le Janicule,

pour

pour se soustraire à la cupidité & à la tirannie
de ses oppresseurs. Il n'appartient qu'à des
esclaves qui vivent, non de leurs sueurs, mais
des vices, de la débauche, & des folies des
Grands, de blâmer cette noble fierté du
peuple Romain, qui aima mieux mettre la
République à deux doigts de sa ruïne, que de
s'assujettir pour jamais aux caprices & aux
vexations des Patriciens. Florus dit (a) que
la fierté, que ce peuple fit paroître dans toutes ses disputes, lui vint du genre de vie
qu'il menoit à la campagne. Mais d'un autre
côté, ce même Historien relève & admire la
grandeur des sentiments de ce peuple rusti-
que, en ce que dans toute sa conduite il fit
voir qu'il ne cherchoit que la liberté & l'égalité : & il en allégue pour preuve l'indignation qu'il témoigna, contre Spurius Cassius,
contre Mælius, & Manlius. Il les condam-
na à la mort, pour les punir des grandes li-
béralités que chacun d'eux lui avoit faites, dans
la vuë de le surprendre, & de lui ravir les
deux choses pour lesquelles il combattoit
actuellement contre les Patriciens (b).

Ces mœurs se conservèrent chez les Romains

(a) Florus Hist. Rom. L. 1. ch. 22.
(b) Florus L. 1. ch. 26.

mains, auffi long temps que les plus honnêtes Citoyens continuèrent à habiter la campagne, à labourer la terre , ou du moins à la faire cultiver fous leurs yeux. On les voit fubfi-fter encore du tems des Scipions & de Paul Emile , malgré les grandes richeffes qui avoient commencé à inonder Rome de toute part, & malgré le luxe qui commencoit à gagner la plus grande partie des Nobles. Il y avoit encore alors un petit nombre de Citoyens, qui reftoient. fidélement attachés aux anciennes maximes , & qui confervoient un refte des antiques vertus. Ces grands hommes étoient comme l'ame de la République, parce qu'on refpectoit encore la vertu, quoiqu'on ne la pratiquât plus généralement. Mais peu à peu les richeffes, la molleffe, les guerres en païs éloignés, enlevèrent toute la Nobleffe à la campagne, & même un nombre infini de plébeïens. Pour lors l'agriculture dépérit fenfiblement, & les mœurs achevèrent de degénérer avec elle. Les terres, partagées auparavant entre la plus grande partie des honnêtes Citoyens , tombèrent entre les mains d'un petit nombre de particuliers, qui les négligeoient, parcequ'ils en avoient trop, & qu'ils couvroient de leurs efclaves la campagne, qui jusqu'à là n'avoit guères été peuplée que

que de gens libres. Dans le même tems, la ville de Rome se remplit d'une foule immense de gens oisifs & débauchés, qui l'infectèrent de leur mollesse , de leur luxe , & de tous les vices qui marchent à leur suite. Jettons un coup d'œil sur la cause, & les progrès de cette révolution.

Avant la défaite de Pyrrhus, Roi de Epire, les Romains , qui n'avoient encore triomphés que des peuples voisins qui pour la plûpart étoient pauvres, n'avoient vû dans les triomphes de leurs Généraux que des armes brisées, des drapeaux de peu de valeur, des chariots de Gaulois , & remporté de leurs victoires que quelques troupeaux de gros & de menu bétail, & des gerbes de bled ramassées dans les champs des ennemis. Mais lors du Triomphe de M. Curius sur le Roi d'Epire, ils apprirent à connoître d'autres choses. On y voyoit des prisonniers de différentes nations, qui étoient à la tête de la marche : la beauté & la magnificence de leurs dépouilles en relevoient sensiblement l'éclat : les Epirotes, les Tesaliens, les Macédoniens, les Apuliens , les Lucaniens, les Brutiens y marchoient chargés de chaînes, devant le char du vainqueur : on y portoit les statues , & les chef-d'œuvres des plus célèbres Artistes : l'or, l'argent
gent

gent, la pourpre, & toutes les autres raretés des païs au de-là de la mer y étoient expo-sées, aux yeux de tout le monde. Cette pompe, jointe au butin que les foldats avoient fait dans cette guerre, commença à faire naître d'autres idées, & d'autres défirs dans l'ame des Romains. Leur victoire fur Pyrrhus enfla leur courage, & anima leur confiance au point qu'ils fe mirent bientôt dans l'efprit d'entreprendre de plus grandes chofes, que tout ce qu'ils avoient jusqu' alors tenté. Par la défaite de ce Prince, ils devinrent les maîtres de toute cette partie de l'Italie, qui eft fituée entre les deux mers. La Sicile fuivit de près : & ce fut là l'époque du commencement de la guerre contre Carthage, qui leur valut d'autres victoires, & la conquête d'autres nations. Carthage, Corinthe, la Grèce, la Syrie, la Macédoine, tout céda à leurs armes, & devint leur proye. Les richeffes de tous ces païs furent bientôt transportées à Rome. Le tréfor public s'en apropria une partie; & le refte demeura dans les mains de ceux qui avoient fûbjugués ces différentes nations, tels que les Confuls, les Proconfuls, les Prêteurs, & ceux qui dans ces heureufes expéditions avoient occupés les premières dignités fous ces chefs, comme les

Lieu-

Lieutenants Généraux, les Quefteurs, les Tribuns des Légions. Ainfi un grand nombre de particuliers amafsèrent des richeffes immenfes, tandis qu'une infinité d'autres, corrompus par les vices qu'ils avoient raportés avec eux des païs conquis, fe ruïnoient par le luxe & la molleffe. Les plus riches profitèrent des folies de leurs Concitoyens; & au moïen de l'ufure, des prêts, & des achats, l'avarice eut bientôt englouti les fonds de la volupté. Toutes les terres de cette immenfe multitude de Citoyens Romains tombèrent fucceffivement dans les mains d'un petit nombre de particuliers. Le Tribun Philippe difoit hautement que, de fon tems, il n'y avoit que deux mille particuliers qui euffent du bien, tandifque trois cent mille Citoyens languiffoient dans la mifère (*a*): & Cicéron même, tout porté qu'il étoit à ménager & à flatter les Grands de fon fiècle, ne fit point fcrupule de dire, en pleine affemblée des Juges, que l'argent de toutes les nations s'étoit gliffé dans les coffres de quelques particuliers (*b*). Je me fuis affés étendu fur ce fujet, dans le chapitre troifième, à

la

______

(*a*) Cicer. de Officiis Liv. 2. ch. 22.
(*b*) Cicer. in Verrem. L. 5.

la page 78 & fuiv. & à la page 108 & fuiv.
de la prémière partie de ce Livre: je m'ab-
ftiendrai donc de me répéter ici.

Les plus riches, étant devenus les maîtres de toutes les terres de leurs Concitoyens,
l'agriculture dépérit entièrement. Une partie de la campagne fut convertie en jardins,
d'une étenduë prodigieufe; une autre fut a-
bandonnée pour la culture à des efclaves qui
la négligeoient, ou à des fermiers qui l'épui-
foient: le refte des Citoyens, dont le nombre étoit immenfe, furent obligés de fe procurer leur fubfiftance par d'autres voyes; les
Grands, par le pillage des Provinces, & l'éxé-
crable trafic de la juftice ; les Chevaliers ,
par les fermes des revenus publics; les gens
aifés, par le négoce & la banque; le menu
peuple, par les métiers, les arts, la milice, les
largeffes du public & des Grands, par le commerce en détail, & d'autres moyens jadis efti-
més indignes d'un Citoyen Romain, comme
je l'ai fait voir plus au long dans le Chapitre
troifième. Ainfi vers la fin de la République, l'agriculture ne fut plus le genre de vie
des Citoyens de Rome, & les bonnes mœurs
cefférent auffi d'être le caractère des Romains.
Les anciennes Inftitutions tombérent; l'efprit
du peuple Romain changea; & s'il en refta encore

core quelque chofe, ce ne fut plus que de
foibles veftiges, une ombre légère , & un
trifte fouvenir. Sous la Dictature de Céfar,
cet efprit étoit anéanti au point qu'on n'en
vit plus de traces que dans l'empreffement
qu'une foule de Citoyens montra encore d'ê-
tre envoyés dans des colonies, pour y pofféder des terres en propriété, & en tirer, à
la fueur de leurs fronts, une fubfiftance af-
furée.

Sous Sylla & Céfar, l'efprit d'agriculture
auroit tout à coup difparu de Rome, quand
même il s'y feroit confervé jufques là en entier: car rien n'eft plus contraire à cet efprit
que le Defpotifme, que ces deux Dictateurs
exercèrent, chacun en fon tems & à fa manière; Sylla, en furieux, & Céfar, en habile
homme. Un Etat, où la propriété des biens
eft expofée aux caprices d'un feul, qui n'a
d'autres Loix que celles de fa fantaifie, doit
être fans agriculture, quand même fon fol
feroit le plus propre à être cultivé. Si elle
fleuriffoit auparavant fous un Gouvernement
modéré, elle difparoit dès que ce Gouvernement fe tourne vers le Depotifme. Qui
voudroit fe charger de cultiver une terre, qui,
à l'inftant, peut devenir la proie du Prince,
de fes favoris, de fes Miniftres, ou des Fi-

           nan-

nanciers? Et quand même cette crainte n'auroit pas lieu, qui voudroit fe donner quelque peine & faire les moindres éfforts, pour
tirer de fon champ au-delà du plus étroit
néceffaire, quand les caprices d'un Defpote
lui oppofent tous les jours mille entrâves dans
l'achat de fes befoins, & la vente de fon fuperflu? Dans un pareil Etat, on néglige d'a-
bord la terre, & de-là on va jufques à fe négliger foi même. L'Hiftoire des tems paffés &
l'expérience du nôtre nous font fentir ce que
la raifon naturelle fuffit pour faire comprendre. Voyons quel fut l'état de l'agriculture
fous les différens Gouvernemens de Rome.

Les prémiers Monarques de Rome étoient
Rois, Prêtres, & Juges : ils commandoient
les armées, préfidoient aux facrifices, & ju-
geoient les affaires civiles & criminelles des
particuliers. Mais comme ils avoient un Sénat, auquel ils avoient accordés une grande
autôrité, ils ne décidoient prèsque aucune affaire d'importance, & n'entreprenoient rien
de conféquence, qu'ils n'en euffent pris l'avis.
Par là la puiffance Royale qui, fans cela, eut
été trop grande, & conféquemment trop odieu-
fe, recevoit un tempérament, qui la rendoit
agréable aux fujets. Il eft vrai que toute
l'autôrité du Sénat dépendoit de l'autôrité du
Prin-

Prince : mais l'Hiſtoire nous apprend que les Rois, qui entreprirent de régner trop impérieuſement & d'abaiſſer le Sénat, eurent une fin malheureuſe. Romulus, après la mort de Tatius & la défaite des Veïens, s'étoit mis à exercer un pouvoir Deſpotique, ſans s'embarraſſer des remontrances du Sénat. Mais les Sénateurs le tuèrent : & Proculus Julius, ſon favori, & le plus homme de bien de toute la ville, ſe chargea d'en impoſer au peuſur le genre de ſa mort (*a*). Tarquin, le ſuperbe, fut chaſſé de Rome pour la même raiſon : la mort de Lucrèce ne fut que l'occaſion de cette révolution.

L'autôrité des Rois de Rome étoit encore tempérée par les prérogatives du peuple, qui, dans le même temps, modéroient auſſi le pouvoir du Sénat. Le peuple avoit le droit d'accepter ou de rejetter les nouvelles Loïx, de faire l'élection d'un nouveau Roi, & de changer la forme du Gouvernement. Romulus lui même, quoique le fondateur de Rome, ne parvint à la Royauté qu'à la faveur des ſuffrages du peuple (*b*); & Tarquin ne fut chaſſé, ni la forme du Gouverne-

(*a*) Denys d'Halicarn. L. 2.
(*b*) Denys d'Halicarn. L, 2.

nement changée, que du confentement de ce même peuple.

Cette diftribution du pouvoir, & ce tempérament dans la Puiffance Royale firent que l'agriculture put d'abord prendre racine à Rome, dès le tems de fon fondateur : mais pour y faire des progrès confidérables & rapidés, il lui fallut un Numa. Ce Prince pacifique n'étoit pas moins jufte & modéré : fous fon règne, la juftice étoit adminiftrée avec impartialité : point de vexations de la part du Prince, point d'injuftices impunies de la part des Grands. Nous avons déja vû que le peuple Romain lui fut redevable d'être devenu Agriculteur. On peut dire que Numa fut le fondateur de l'agriculture de Rome, comme Romulus l'a été de la ville.

Servius Tullius rendit la Conftitution de l'Etat encore plus favorable au peuple : il fit des Loix pour affoiblir la puiffance Roïale, & celle du Sénat ; il en fit d'autres pour mettre les petits en égalité avec les Grands, dans les affaires civiles, & pour ôter aux Patriciens les moyens de vexer les plébeïens ; il diminua les taxes des Citoyens les moins aifés ; il fupprima celles des plus pauvres, & rejetta la plus grande partie de ce fardeau fur

les

les plus riches. Ces. réglements apportèrent de nouveaux avantages à l'agriculture.

Tarquin détruifit tout ce que Servius avoit fait de bon; mais comme ce ne fut que pour frapper avec plus de liberté fur les Grands, l'agriculture n'en fouffrit pas beaucoup : c'en eut été fait infailliblement, fi ce Prince en eut agi avec le peuple, comme avec les Patriciens.

Après l'expulfion des Rois, les Patriciens commencèrent à exercer une efpèce de Despotifme fur le peuple ; mais ils trouvèrent une forte oppofition dans l'efprit d'agriculture, qui avoit déjà jetté de fortes racines chés le peuple Romain. Ils s'opiniâtrèrent cependant à poufler leur pointe, mais le même efprit leur réfifta avec fermeté : & non content d'une fimple réfiftance, le peuple fe mit à fon tour à combattre le Defpotifme des Patriciens, & il vint enfin à bout de l'atterrer. Pour fentir la vérité de ce que je dis ici, il faut entrer dans les détails de cette révolution, & remonter jufqu'à fon origine.

Les Rois ayant été expulfés de Rome, toute leur puiffance tomba entre les mains des Patriciens. C'étoient eux qui gouvernoient l'Etat, qui commandoient les troupes, qui adminiftroient la juftice : il n'y avoit aucune

 Loi

Loi politique, fi vous en exceptés celle de
Brutus & de Valerius, qui bridât leur ambition, ni aucune Loi civile, qui pût fervir de
frein à leurs caprices. Les plébeïens ne leur
envièrent pas d'abord ce dégré de puiffance:
accoutumés, fous les Rois, à ne jouir d'aucune dignité, & à voir adminiftrer la juftice
au gré du Prince & du Sénat (*), ils ne penfoient pas feulement alors à changer ces coutûmes.

Mais les Patriciens, non contents d'avoir
fatisfait leur ambition, entreprirent encore
de lâcher la bride à leur cupidité: ils en a-
voient déjà fait la tentative fous les Rois; mais
Servius Tullius les avoit contenus dans le devoir par la juftice & par les Loix: & fous
Tarquin, ils étoient eux mêmes devenus la
proïe de fon avarice. Lorfqu'ils fe virent
délivrés de ces entrâves, ils mirent inceffam-
ment en œuvre toutes fortes de voies pour augmenter leurs biens, au préjudice des plébeïens & de l'Etat.

Nous avons déjà vu comment ils s'y prirent

(*) Nous avons vu que Servius Tullius fut le premier des Rois, qui donna des Loix civiles aux Romains.
Mais des Loix étoient en petit nombre: & Tarquin
fon fucceffeur, ne les garda plus. Denys d'Halicarn.
L. 4.

rent pour ufurper les biens du public. Quant
à ceux des particuliers , la voye qu'ils em-
ployèrent le plus ordinairement pour les
leur enlever, fut le prêt & l'ufure. Avant
la publication des Loix des douze Tables ,
cette ufure devoit être énorme, puisque le
taux , auquel on la mit depuis dans les douze
Tables , après les plaintes & les féditions
continuelles du peuple à ce fujet, étoit encore exceffif & inhumain.   Nous avons fait
voir que les douze Tables avoient fixé ce
taux à douze pour cent: ce qui étoit un intérêt éxorbitant pour un peuple Agriculteur
(**).   A cet ufage s'en joignit un autre plus
cruel encore , & qui fut confirmé dans la
fuite par les Loix des Décemvirs: c'étoit de
livrer les débiteurs infolvables à leurs créanciers, qui avoient le droit de les retenir
dans les fers, pendant foixante jours.   Durant cet efpace de temps, on les faifoit com-
paroître devant le Juge , trois jours de marché confécutifs ; & l'on publioit à haute voix
quelle étoit la fomme , .pour laquelle ils a-
voient

(**) Il n'eft pas néceffaire de refuter ici le fentiment de ceux qui croyent que les Décemvirs ont établi un taux, non de douze, mais d'un pour cent: c'eft
une erreur qui n'a plus befoin d'être refutée aujour-
d'hui.

Q 5

voient été adjugés aux créanciers. Si, le troifième jour de marché, la dette n'étoit pas pa-
yée, ou que le débiteur n'eut pas donné des
furetés fuffifantes, il étoit condamné à être
vendu comme efclave, au-delà du Tybre. S'il
ne fe préfentoit aucun acheteur, ou que le
créancier ne voulut pas ufer de la liberté que
lui accordoit la Loi, il lui étoit permis de retenir le débiteur à fon fervice, & de l'employer comme un efclave aux travaux de fa
campagne ou de fa maifon, en le tenant dans
les chaînes, jufqu'à ce qu'il eut acquitté fes
dettes. C'eft ainfi que les ufures des Patriciens enlevoient aux plébeïens leurs terres &
leur liberté. Ces cruautés n'étoient exercées
que par les Patriciens, parce qu'il n'y avoit
qu'eux qui fuffent en état de prêter de l'argent : les plébeïens n'ayant obtenu, dans le
partage des terres, que des morceaux de
champs fi petits qu'il leur étoit impoffible
de s'élever à un certain état d'aifance, dans
une République où les arts étoient comme
bannis de la claffe des Citoyens, les manu-
factures inconnuës, le commerce prèfque nul,
& la milice plus onéreufe que lucrative, parceque dans les prémiers tems chaque Soldat devoit fervir à fes fraix.

La conduite atroce des Patriciens révolta
bien-

bientôt les plébeïens. Comme les gens de la campagne en étoient le plus fenfiblemeñt affectés, parcequ'ils fe voyoient enlever leurs champs, après les avoir arrofés de leurs fueurs, ils furent auffi les premiers à prendre l'allarme. Comment en éffet des Citoyens, que les fages réglemens des Rois, leur habitude, leur intérêt, & leurs travaux tenoient fi fort attachés à leurs champs, auroient-ils pû s'en voir dépouillés, les uns après les autres, fans en faire des plaintes amères, & fans en venir à des extrémités, plutôt que de fouffrir de pareilles vexations?

Le mécontentement étoit général, mais ce n'étoit encore qu'un feu caché fous la cendre: un vieux campagnard le fit éclater, l'an 259 de Rome. Le Sénat étoit occupé à faire des préparatifs de guerre contre les Volsques, lorsque tout à coup ce Viellard s'avança vers la place publique, dans l'état le plus pitoyable (a). Le peuple s'atroupe autour de lui, & lui demande la caufe de fa misère. ,, Mon ,, champ, dit il, a été ravagé dans la guerre ,, contre les Sabins: pendant que je fervois ,, dans cette guerre, en qualité de Centurion, ,, j'ai perdu le revenu d'une année: outre cela,

,, ma

(a) Tite Live L. 2. ch. 23. Denys d'Halicar. L. 6.

„ ma maitairie a été brulée, mes troupe-
„ aux m'ont été enlevés, & malgré ma mi-
„ sère, j'ai été encore obligé de payer le tri-
„ but. Etant sans argent, j'ai dû en emprun-
„ ter, & je ne me suis jamais trouvé en état
„ d'en payer les intérèts: bientôt ils ont sur-
„ passés le capital, ce qui m'a contraint de
„ vendre d'abord mon champ, & ensuite le
„ reste de mes biens. Cependant tout cela
„ n'ayant pas encore suffi, mon créancier·
„ s'est emparé de mon corps: il m'a traîné
„ en servitude, & traité comme un criminel,
„ condamné à expirer dans les tourments. „
A ce discours, la multitude prend feu: une
foule de débiteurs, avertis de cet évenement,
s'échappent des mains de leurs créanciers, &
viennent de tout côté, chargés de chaînes ,
se donner en spectacle, & pousser des cris
affreux sur la même place. La flamme de
cette incendie s'étend plus loin, à chaque in-
stant. Le Sénat éffrayé s'assemble , & fait
faire des promesses au peuple; mais il a bientôt la lâcheté de ne pas tenir la parole qu'il
a donnée. Alors, la multitude recommence
ses attroupements , & tient des assemblées
nocturnes. Le Sénat fait de nouvelles promesses,& y manque encore: les deux armées,
qu'on avoit trouvé moyen de lever par ces
fau-

fauſſes promeſſes, ſe voyant ſi indignement
abuſées, abandonnent les Conſuls qui étoient
à leur tête; & ſe donnant pour chef un Centurion nommé Sicinius, elles emportent les
drapeaux que leur ſerment les obligeoit de
ne point quitter, & ſe retirent ſur le mont
ſacré.

Cette émeute fut l'éffet de l'eſprit d'agriculture. Tous ces Soldats étoient des campagnards: car il eſt notoire, & nous l'avons
vû ci deſſus, qu'on n'enrôloit dans la milice
que ceux qui poſſédoient au moins deux arpens de terre. Cette vie dure & innocente, que l'on mène à la campagne, in-
ſpira à ces Soldats de l'horreur pour la perfidie des Sénateurs, & du courage pour entreprendre de dégager leurs Concitoyens des
dettes dont ils étoient chargés, & ſe mettre
à l'abri des vexations des Grands. ,, Nous
,, nous ſommes vûs, diſoient ils par la bouche
,, de Sicinius leur chef, réduits à la dure né-
,, ceſſité de cultiver nos propres terres, de bê-
,, cher, de planter, de labourer, & de garder
,, nos troupeaux pour le ſeul profit de ces Ty-
,, rans inſatiables : de proprietaires de terres
,, que nous étions, nous ſommes devenus les
,, compagnons des eſclaves que nous avions
,, acquis par les armes, & nous avons juſqu'i-
ci

,, ci été traités en tout comme eux. Il faut à-
,, préfent , fi l'on veut rétablir la concorde en-
,, tre les deux corps , & la tranquillité dans
,, l'armée, qu'on nous accorde des Magiftrats
,, qui aient le pouvoir de nous garantir à jamais
,, des violences & des cruautés des Patri-
,, ciens (a)''. Le Sénat, après bien des débats,
fut enfin obligé de céder : les dettes furent re-
mifes en entier à ceux qui étoient infolvables : les Citoyens, arrêtés pour cette caufe,
furent mis en liberté : on établit des Magiftrats, dont l'unique fonction devoit être de
veiller à la confervation des droits du peuple ; de le préferver de l'oppreffion, & de
lui fervir d'azyle & d'appui contre les Grands.
Voila l'origine des Tribuns du peuple. Ces
Magiftrats devinrent bientôt le fléau du Sénat
& des Patriciens : on les voit dans l'Hiftoire
Romaine arrêter même les Confuls , & les
faire conduire en prifon. A cette époque, le
gouvernement de Rome, qui jusqu'alors avoit
plus tenu de l'Ariftocratie que de la Démocratie, commença à tenir davantage de celle - ci.

Dans la fuite, on s'approcha encore plus
de la Démocratie : & ce furent toujours les
gens

(a) Denys d'Halicarn. L. 6.

gens de la campagne qui firent paſſer ces Loix démocratiques : les Tribuns les propoſoient, & les ſuffrages des campagnards leur don_noient la ſanction.

Pour pouvoir contenir les plébeïens, les Patriciens s'aviſèrent d'un expédient tout na-turel ; c'étoit de faire tomber le choix des Tribuns ſur des perſonnes qui leur fuſſent dévouées, ou qu'ils eſpéroient pouvoir aiſé-ment gagner. S'ils ne pouvoient pas obtenir que tous les Tribuns fuiſent de leurs amis, il leur ſuffiſoit qu'un ou deux d'entre eux le fuſſent : car en prononçant le mot *veto, je m'y oppoſe*, un ſeul de ces Magiſtrats pou-voit traverſer toutes les propoſitions, & tou-tes les entrepriſes de ſes Collégues (*a*). Les élections des Tribuns ſe faiſoient, dans les aſſemblées par Curies. Les Patriciens y étoi-ent preſque les maîtres, parceque les Cito-yens, qui n'avoient pas de domicile dans la ville, ne pouvoient pas y donner leur ſuf-frage, & qu'ainſi un grand nombre de gens de la campagne n'avoient pas le droit de s'y trouver. D'un autre côté, les Greffiers, les Marchands, les Banquiers, les artiſans & les manœuvres, les affranchis, les Officiers des

Ma-

<hr>

a Denys d'Halicarn. L. 9, Tite Live L. 2. ch. 43.

Magiftrats, tels que les Licteurs, les Hérauts, les Interprêtes, & autres gens de cette trempe, demeuroient tous dans la ville; & ils étoient tous ou cliens, ou dans la dépendance des Grands, foit de leur propre gré, foit par néceffité, & à caufe des profeffions qu'ils exerçoient. Les gens de la campagne, même ceux qui avoient maifon en ville, étoient fouvent retenus dans leurs champs, par les travaux ordinaires & le foin de leurs affaires; & quand la faifon & le loifir leur permettoient de fe trouver à ces Affemblées, rarement pouvoient-ils encore tenir contre le nombre des Patriciens, & la foule de leurs Clients, qui l'emportoient prefque toujours fur eux dans ces Comices par Curies. Volcron, Tribun du peuple, entreprit, en 281 de Rome, d'ôter aux Patriciens un avantage fi confidérable; & deux ans après, il réuffit à faire paffer une Loi, qui ordonnoit que les Tribuns fuffent élus dans les Affemblées par Tribus, au lieu de l'être dans les Affemblées par Curies. Le motif de cette Loi étoit que, dans la première efpèce de Comices, tous les Citoyens, même ceux qui n'avoient point de maifon dans la ville, avoient droit de fuf-

fra-

(a) Tite Live L. 2. ch. 56. Denys d'Halicarn. L. 9.

frage: auffi les gens de la campagne devin-
rent-ils les plus forts.

On a remarqué que les difputes, entre les
Patriciens & les plébeïens, furent occafionnées par l'avarice des premiers. Dans l'ac-
cord que le Sénat fit avec le peuple, retiré
fur le mont facré, on étoit convenu qu'à
l'avenir, le Sénat & le peuple feroient de
concert un réglement par raport aux dettes,
qui tiendroit lieu de Loi. Ce réglement n'eut
pas lieu. Les Patriciens continuèrent à véxer les plébeïens par leurs ufures; & ces
vexations tomboient toujours fur les gens de
la campagne. Les autres n'avoient pas befoin
de l'argent des Patriciens, parcequ'ils vivoient des emplois fubalternes de la République, ou de leurs profeffions & de leur négoce; ou parce qu'ils n'avoient pas affés de fonds
& de crédit, pour pouvoir emprunter des Patriciens. C'étoit aux terres que les Grands en
vouloient; & dans cette vuë, ils continuoi-
ent à piller le public, & à opprimer les particuliers. Ils pouvoient y réuffir d'autant
plus aifément qu'ils avoient l'adminiftration
de la juftice en leur pouvoir: ce qui leur fourniffoit les moyens de fe ménager mutuellement, de fe facrifier les uns aux autres les
plébeïens, & de pouvoir fuivre dans les ju-

gemen<s>toutes leurs paffions & leurs caprices.   Cette autorité arbitraire détermina les
Tribuns du peuple à entreprendre de fixer
la Jurisprudence, & d'aftreindre les Juges
à des Loix qui fuffent communes à tous (*a*).
Les Patriciens eurent l'effronterie d'y oppofer une réfiftance d'autant plus honteufe,
qu'elle fut fort longue & fort vive. Enfin, a-
près dix ans de conteftations continuelles, fur
une demande fi pleine d'équité de la part du
peuple, l'Ordre Patricien fut obligé de plier;
& on réfolut d'envoyer en Grèce, & nom-
mément à Athènes des Ambaffadeurs, qui
examineroient les Loix des différents peuples
Grecs, & rapporteroient à Rome celles qu'ils
jugeroient les plus convenables à la République; qu'à leur retour on nommeroit des Com-
miffaires pour choifir entre ces Loix & y
ajouter celles qu'ils croiroient les meilleures; & qu'enfuite elles feroient gravées fur
des Tables, & expofées aux yeux du public, afin que chacun eut la liberté de les examiner à loifir.   Telle eft l'origine des Loix
des douze Tables, qui furent publiées l'an
303 de Rome (*b*).   Ce nouveau règlement
af-

(*a*) Tite Live L. 3. ch. 9. & fuiv.
(*b*) Tite Live L, 3. ch. 31. & fuiv. Denys d'Halicarn.

affoiblit encore beaucoup l'autorité dés Patriciens, & produifit dans lé Gouvernement
une autre réforme en faveùr des plébeïens.

Quelques Tribuns imaginèrent que rien ne
feroit plus avantageux à leur Ordre, que de
faire enforte qu'il partageât avec les Patriciens la première dignité de la République,
je veux dire, le Confulat. L'ambition de ces
Tribuns entra fans doute pour beaucoup dans
la formation ce projet: ils fe flattoient avec
raifon qu'après avoir fait paffer une Loi fur
ce fujet, le Peuple ne manqueroit pas de les
élever eux mêmes à la dignité Confulaire:
mais ils voyoient en même temps que, préa-
lablement à tout, il falloit mettre les gens de
la campagne dans leur parti, attendû que
ceux de la ville, tous Cliens ou dépendants
des Patriciens, fe rangeroient infailliblement
du côté de ces derniers. En éffet les gens de
la ville ne pouvoient trouver aucun apât
dans ce projet. Ils favoient qu'ils étoient trop
méprifés pour pouvoir jamais efpérer de parvenir à une dignité fi éminente. Les merciers,
les artifans, les manœuvres, les affranchis,
tous gens qui faifoient leur féjour ordinaire
dans la ville, n'étoient pas feulement jugés
dignes d'être reçus dans les troupes, en qualité de fimples Soldats; à plus forte raifon

 com·

comment auroient-ils ôfé afpirer au Confulat, qui donnoit le commandement même des armées? Il étoit donc certain que les Citadins auroient rejetté la Loi. D'un autre côté, les plébeïens même qui demeuroient à la campane étoient déjà trop accoutumés à voir les honneurs & les Magiftratures entre les mains des Patriciens : ainfi les Tribuns ne pouvoient efpérer de les attirer dans leur parti, fans mettre encore en œuvre quelque expédient qui les intéreffat à leur projet, jufqu'à fon entière confommation. Licinius & Sextius n'ignoroient pas, que les Tribuns de l'année 310 avoient déja tenté de faire paffer une Loi, qui permettroit de tirer indifféremment les Confuls du Corps du Sénat, & de celui du peuple, & qu'après l'avoir propofée, & fait les plus grands éfforts pour l'établir, ils avoient été obligés de fe contenter qu'au lieu de Confuls on nommât des Tribuns militaires, qui pourroient être tirés de l'Ordre des plébeïens; & que malgré ce réglement, ceux ci s'étoient fi peu fouciés de fe prévaloir de cette nouvelle prérogative, qu'ils ne créèrent, pendant bien du temps, pour Tribuns militaires que des Patriciens (a).

Afin

(a) Tite Live L. 4. ch. 1. & fui. Denys d'Halicarn. L. 11.

Afin donc de parvenir plus fûrement à leur but, Licinius & Sextius proposèrent au peuple, en 379, trois Loix à la fois. La prémière concernoit les dettes, & régloit qu'on déduiroit du Capital d'une dette quelconque, tout ce qu'on auroit payé en arrérages. La feconde portoit qu'il ne feroit permis à aucun Citoyen de poff'éder plus de cinq cent arpens de terre, & que tout ce qui feroit trouvé excéder cette mefure feroit confisqué, & partagé entre ceux qui n'avoient aucun fond de terre. La troifième ftatuoit qu'on aboliroit la charge des Tribuns militaires, & qu'on éliroit toujours des Confuls, dont l'un devroit néceffairement être pris dans le corps des plébeïens. Le peuple ne balança pas à fe déclarer unanimément pour la diminution des dettes, & pour le partage des terres; mais il ne montroit que peu de zéle pour la propofition concernant le Confulat. Là deffus les Tribuns déclarèrent qu'ils ne fépareroient point ces trois chefs de délibération, & qu'il falloit fe déterminer à les accepter, ou à les rejetter conjointement. Ils repréfentèrent au peuple en même temps, qu'il ne devoit s'attendre à voir les Patriciens ceffer d'ufurper les terres du public, & d'écrafer les plébeïens par les ufures, que du jour où il fe feroit mis

en poffeffion du Confulat; que la puiffance
Tribunitienne étoit trop foible pour arracher
les terres ufurpées à leurs injuftes poffeffeurs,
& pour délivrer la ville & la République des
mains des créanciers impitoyables, furtout
depuis que les Patriciens avoient eu l'adreffe
d'affoiblir cette puiffance par fes propres armes, en oppofant des Tribuns mal intention-
nés à ceux qui n'avoient en vuë que l'avantage du peuple; & qu'ainfi il étoit abfolument
néceffaire que les plébeïens fuffent mis au
niveau des Patriciens, par raport au Confulat.
Ces raifons entraînèrent le peuple, qui conçut dès-lors pour la Loi rélative au Confulat
le même zèle, dont il étoit animé pour celle
qui regardoit la diminution des dettes & le
partage des terres. Cè fut en vain que les
Patriciens fe portèrent aux dernières extrémités, pour éluder la Loi qui avoit pour
objet le Confulat. Ils durent céder en dépit
deux mêmes, & confentir qu'on choifiroit
à l'avenir l'un des Confuls dans le Corps
des plébéïens. Après cela, il fut aifé à ceux
ci de parvenir à partager avec eux toutes les
autres dignités de la République. Cette victoire porta un coup mortel à l'Ariftocratie
des Patriciens; & dès lors le Gouvernement
de Rome pencha fortement vers la Démocratie

tie. Cette dernière Loi acheva d'enlever aux Patriciens les prérogatives qui leur étoient reſtées jusques là. Comme la nobleſſe ne s'acquéroit, chés les Romains, que par les charges, on commença dès lors à voir des Patriciens qui n'étoient point nobles, & des plébeiens qui l'étoient. Tous ces coups ne frappèrent cependant que ſur la conſtitution, & n'affoiblirent en rien la vigueur du Gouvernement. Du temps des Rois, la Conſtitution de Rome éxigeoit qu'il y eut un Corps de Patriciens, parceque ſans cela la Monarchie, qui étoit élective, ſe ſeroit changée en tyrannie, ou en Etat populaire; mais depuis leur expulſion, ce même Ordre étoit abſolument inutile dans l'Etat. Après l'établiſſement des Conſuls, on n'avoit plus beſoin de cette diſtinction de familles, pour maintenir le Gouvernement. Si on l'eut laiſſé ſubſiſter, Rome auroit bientôt gémi ſous le poids du ſceptre de l'Ariſtocratie, & le peuple ſe ſeroit vû dépouillé de tous ſes droits. Les plébeiens auroient été écraſés, & la République n'auroit certainement pas fait les progrès étonnants, qui l'ont rendue ſi célèbre & qui furent l'heureux fruit des réformes que l'eſprit d'agriculture produiſit dans la conſtitution de l'Etat, & dans ſon Gouvernement,

R 4

en

en mêlant la Démocratie avec l'Aristocratie ;
& en donnant à celle là beaucoup plus de force qu'à celle-ci.

Je ne m'arrêterai pas ici à éxaminer les
autres Loix que les plébeïens firent paffer,
au préjudice des Patriciens & même du Sénat;
car ou elles n'avoient aucun rapport avec le
Gouvernement : comme, par exemple, celles
qui regardoient les mariages reciproques des
Patriciens & des plébeiens : ou elles ne furent imaginées & rénouvellées que par des Tribuns & des Dictateurs plébeïens, fans que les
gens de la campagne y priffent aucun intérêt
particulier : & de çe nombre étoient celles
qui portoient, que les décrets du peuple ob-
ligeroient les Sénateurs auffi bien que les plébeiens : ce qui augmenta prodigieufement
le pouvoir du peuple, porta des coups mortels à l'autôrité du Sénat, & nuifit confidérablement par là même au bien public.

Je ne ferai pas non plus mention des Loix
Agraires, que les Gracches renouvellérent au
commencement du feptième fiécle, aux dépens de leur vie. Ces Loix ne produifirent
d'autres éffets que des troubles fans fin, qui
préparérent la chute de la République. Elles commencèrent même dès lors à fervir de
jouet aux Tribuns, & aux Gr...ds indiftinctement;

ment; comme on le vit par les mesures que le Sénat prit pour faire échouer les entreprises, & ruïner le crédit de Caïus Gracchus. Celui ci remit sur le tapis les Loix Agraires de son frère, qui avoit été massacré, avant qu'on les eut mises en exécution. Le Sénat lui opposa Livius Drusus, autre Tribun du peuple : mais pour réussir dans son dessein, il lui fit prendre une voye toute différente de celles qu'on avoit employées jusques là, en pareilles circonstances.

On lui conseilla de ne s'opposer en rien aux volontés du peuple, mais de s'étudier au contraire à lui plaire en tout, & même à se rendre plus populaire encore que Caïus. En conséquence, Drusus proposa, & fit passer différentes Loix, qui étoient encore plus au gré du peuple que celles de Caïus. Lorsque, par exemple, celui-ci demandoit qu'on formât deux Colonies, & qu'on y envoyât les plus honnêtes Citoyens, Drusus en proposoit douze, & il vouloit qu'on y envolât les plus pauvres Citoyens. Lorsque Caïus parloit de quelque partage de terres, Drusus renchérissoit sur lui, & prétendoit que ce partage fut beaucoup plus considérable. A la faveur de cette indigne manœuvre, Drusus déroba à Caïus l'affection du peuple. A-

près

près cela, Caius fut tué, comme son frère Tibérius l'avoit été; & alors les Grands n'eurent aucune peine à faire casser toutes les Loix Agraires, que les Gracches avoient portées, & qui leur faisoient tant de tort (a). Le fils de ce Drusus suivit le même système que son père: toujours d'intelligence avec le Sénat, il proposa à son tour des Loix Agraires, des établissements de Colonies, des distributions de bled; & en mettant sur le tapis ces différentes Loix, il ne manquoit jamais de déclarer qu'il se conduisoit par l'avis du Sénat. Cela alla si loin, que ce Drusus se vantoit de n'avoir laissé aucun largesse nouvelle à faire à personne, à moins qu'on ne voulût aussi partagner l'air ou la boue. Ces largesses valurent au Sénat la réforme de la Loi de Gracchus, qui avoit transporté les jugements du Sénat aux Chevaliers (b). Dans le siécle dont nous parlons, il étoit aisé de se jouer ainsi du peuple, parceque l'agriculture ne fleurissoit plus, & que les mœurs anciennes avoient disparu avec elle. Les guerres de Sicile, d'Espagne, d'Afrique, d'Asie, & de Grèce, avoient enlevés la plûpart des hommes libres,

qui

(a) Plutarque vie des Gracches.
(b) Florus L. 3. ch. 17. Tite Live Epitome du L. 71.

qui s'attachoient au labourage. Celle dont les Carthaginois avoient porté la flamme, tout aux environs de Rome, avoit fait périr les troupeaux, & détruit les métairies. On manquoit de tout ce qui est néceſſaire à l'agriculture, & on ne trouvoit pas même aſſés d'eſclaves, pour remplacer les laboureurs libres. Caius Gracchus diſoit que ſon frère Tiberius, traverſant la Toſcane pour aller à Numance, avoit vu déſertes toutes les terres qu'il avoit rencontrées en ſon chemin, & qu'il n'y avoit trouvé d'autres laboureurs, & d'autres pâtres, que des eſclaves venus des païs étrangers, & encore en ſi petit nombre que les terres qu'ils avoient à cultiver paroiſſoient comme en friche (a).

D'autre part, le luxe & la molleſſe, qui marchèrent à la ſuite de ces expéditions, détournèrent une infinité de monde de la campagne, & firent préférer le ſéjour de la ville. Les Soldats, revenus de l'Aſie, ayant pris dans ce païs là le goût des bouffons, des farceurs, des Danſeuſes, & des joueuſes d'inſtruments, ne pouvoient plus ſe réſoudre à reprendre la bêche, & à ſe fixer de nouveau à la campagne.

Après.

____

(a) Plutarque vie des Gracches.

Après cela, l'heureux fuccès de toutes ces guerres fit paffer à Rome les tréfors de tous les peuples conquis : & ces tréfors tombèrent par différentes voyes entre les mains d'un petit nombre de Grands, qui, comme nous l'avons déja remarqué, attirèrent bientôt à eux toutes les terres des particuliers; dont les uns, ruinés par les guerres, & les autres, amollis par les mœurs nouvelles, n'étoient par fâchés de céder leurs champs aux riches, pour de l'argent. Nous avons déja fait obferver quel ufage ces nouveaux poffeffeurs faifoient de leurs terres, & comment ils les faifoient cultiver (a).

Enfin, les divifions entre le Sénat & le peuple, qui commencèrent à renaître après la prife de Carthage, & qui depuis dégénérèrent en guèrre civile, achevérent de ruiner l'agriculture, & l'Etat avec elle. Nous avons vû que les factions civiles ont eu à Rome le même commencement que la liberté. Cependant dans les prémiers tems, les querelles entre le Sénat & le peuple, n'étoient jamais portées aux derniers excès : mais après que la

(a) Voy. ci deffus où nous avons parlé de la décadence des mœurs, & le chapitre troifième de çet ouvrage.

la deftruction de Carthage, & la conquête de
la Macédoine, de l'Afie, & de la Grèce, eurent amenés à Rome la douceur de la paix
& l'abondance de toutes chofes, la licence
& l'orgueil, éffets ordinaires de la profpérité,
s'introduifirent bientôt dans la ville; & de-là
nâquirent ces divifions atroces qui la déchirè-
rent, & changèrent la forme du Gouvernement.   Et comme, dans ces factions, le parti de la Nobleffe avoit le plus de force, parcequ'il fe tenoit uni, il en arriva que ceux de
ce parti qui avoient fçu s'élever audeffus
des autres Nobles, attirèrent tout à eux, & devinrent les maîtres de l'Etat.   Ainfi, un petit nombre de Grands difpofoient des deniers
publics, du Gouvernement des Provinces,
des charges, des honneurs, des récompenfes, & des triomphes: ce qui leur donnoit
dans le public un afcendant, qui leur frayoit
en même temps le chemin de s'emparer des
biens des particuliers, par toutes fortes de
moyens.   Cependant le peuple demeuroit
toujours accablé par les fatigues de la milice,
& par la pauvreté: les pères & les enfants
des Soldats, fur tout ceux qui fe trouvoient
dans le voifinage des Nobles, étoient chaffés
de leurs maifons, & depouillés du peu de terres d'où ils devoient tirer leur fubfiftance

pen-

pendant la paix. Cette avidité des Grands n'avoit point de bornes, & elle croissoit même avec leur puissance. Enfin, ils commirent impunément tous les crimes qu'ils voulurent, jusqu'à ce qu'il sortit de leur propre sein un homme plus audacieux, & plus habile qu'eux tous, qui, en employant les méchancetés dont ils avoient donné l'exemple, les éclipsa, & chassa de Rome la liberté, en y établissant le Despotisme.

Tout ce que j'ai dit ici montre que l'agriculture a été chez les Romains la source & la base des bonnes mœurs & de la liberté ; & que dès qu'elle se trouva opprimée par les guerres éloignées, par le luxe & la mollesse, l'innocence & la simplicité firent place au crime, & les Citoyens subirent le joug, d'abord d'un petit nombre de puissants, & ensuite de César seul. Il est vrai que tant que les Romains ne s'attachèrent qu'à l'agriculture, ils furent généralement pauvres : mais cette pauvreté faisoit leur bonheur. Je ne parle pas ici de l'avantage d'avoir eû des mœurs excellentes, & de jouir d'une heureuse liberté : je n'envisage à présent ce bonheur que du côté de l'aisance. Dans les siécles de leur pauvreté, la plus grande partie des honnêtes Citoyens avoient tout ce qui

leur

leur étoit nécessaire. Il tiroient la nourriture & les vêtements de leurs champs &
de leurs troupeaux: les désirs de ce peuple
simple & innocent ne s'étendoient pas plus
loin: il alloit même jusqu'à aimer la pauvreté, & à la préférer aux richesses. Dans les
derniers tems de la République au contraire,
les richesses de Rome étoient immenses ;
mais elles étoient accumulées dans les coffres,
dans les maisons de plaisance, & les jardins
d'un petit nombre de Grands. Il n'y avoit
que deux mille Citoyens qui possédâssent du
bien, tandisque trois cent mille autres périssoient de faim, ou vivoient des suffrages qu'
ils vendoient aux riches, & des crimes qu'ils
commettoient pour les servir. Les arts & les
métiers étoient entre les mains des esclaves,
des affranchis, & de la plus vile populace: les
Institutions anciennes restoient encore profondément gravées dans le cœur des Romains:
ils estimoient encore l'agriculture, quoiqu'ils
n'eussent plus de terres à cultiver; & ils méprisoient les arts, quoiqu'il ne leur restât
plus d'autre moyen de subsister.

Le Commerce auroit pû servir de ressource aux honnêtes gens, qui ne pouvoient pas
aspirer aux dignités de la République, & au
pillage des Provinces; mais il n'y avoit que

le commerce en gros qui put convenir à un
Citoyen Romain, qui faisoit quelque cas de
sa réputation : celui de détail étoit réputé sordide à Rome, même dans le tems où les
mœurs étoient le plus déréglées. Cicéron,
qui parloit certainement d'après l'opinion
commune de son siécle, dit nettement que
le commerce de détail est sordide; & qu'il
n'y a que le trafic qui roule sur un grand négoce, qui mérite d'être exempt de blâme (a).
C'est ainsi que les Institutions des Rois se
conservèrent, même lorsque Rome n'étoit
plus ce qu'elle avoit été de leur tems.

La principale branche du négoce des Romains étoit le bled, & généralement les denrées nécessaires à la vie, comme le vin &
l'huile : mais cette branche de commerce ne
devint considérable qu'après le dépérissement
de l'agriculture ; & quand celle-ci fut prèsque éteinte, elle devint encore plus importante.

Aussi longtems que les Romains s'attachèrent à cultiver les terres, leur commerce fut
peu de chose. Leur frugalité, leur pauvreté, leur simplicité n'en admettoient pas un
fort considérable. Ils n'avoient rien à vendre ;

(a) Cicer. de Officiis L. 1. ch. 155.

dre; & ils pouvoient auffi fe paffer de la plus-
part des marchandifes étrangères.   Je ne
conçois pas ce que les Romains des prémiers fiécles auroient pu donner aux étrangers, en échange des marchandifes qu'ils en
recevoient, fi ce n'eft des prifonniers, des
meubles pillés dans les guerres, & du fel.
Leur monnoye n'étoit pas propre au trafic,
du moins dans les cinq prémiers fiécles: car
avant la défaite de Pyrrhus, ils n'en ont jamais eu que d'airain, tandisque les autres
peuples, & même leurs plus proches voifins,
en avoient d'or & d'argent (*a*).   Ce ne fut
qu'en 480 de Rome, que le Sénat fit frapper
de la monnoye d'argent.   Il eft vrai que
long-tems avant, on avoit connu à Rome la
monnoye d'or & d'argent: mais elle étoit é-
trangère, & prife fur les ennemis, & on la
mettoit dans le tréfor public.   Ce fut là, par
exemple, l'ufage qu'on fit des quarante talents
d'argent, ramaffés parmi les dépouilles de Ro-
mélies (*b*). Sous le Confulat de Caffius, on fit
un traité de paix avec les Sabins, par lequel
ceux ci s'obligèrent de payer une certaine
fomme d'argent par tête (*c*).

Les

(*a*) Voy. Tite Live L. 1. ch. 51 & 53.
(*b*) Tite Live L. 1. ch. 53.
(*c*) Denys d'Halicarnaffe L. 5.

Part. II.   S

Les Traités que les Romains firent avec les Carthaginois, en 244, 407, 447. & 474 de Rome (*a*), ne prouvent pas que leur commerce fut confiderable, mais feulement qu'ils alloient fur mer. Voici au contraire un trait, qui démontre bien fenfiblement qu'ils penfoient peu au commerce, même après la transaction des deux prémiers Traités avec les Carthaginois. Lucius Furius Camillus ayant dompté les Latins, on ôta aux Curiates leurs vaiffeaux ; & après les avoir fait conduire à Rome, on en brula une partie, & l'on en fit fervir les éperons à orner la tribune aux harangues, élevée dans la place publique (*b*). Ce n'eft pas ainfi qu'en agit un peuple, qui veut faire le commerce par mer.

Ils eurent pourtant, comme j'ai dit, une forte de commerce, & principalement un commerce de bled, même dans les prémiers fiécles; mais il n'étoit que paffif.

Toujours en guerre, & pourtant toujours extrêmement nombreux, eû égard à la petiteffe de l'Etat qu'ils poffédérent pendant les quatre prémiers fiécles , & même pendant

une

(*a*) Polyb. L. 3. §. 176. 178. & 180. Tite Live L. 9. ch. 43.
(*b*) Tite Live L. 8. ch. 12.

une grande partie du cinquième, ils ne pouvoient pas envoyer de leurs denrées à d'autres;
& il leur arrivoit au contraire quelquefois,
malgré leur frugalité & leur attachement à l'a-
griculture, d'avoir befoin du bled de leurs voifins. Du tems de Spurius Caffius & de Spurius Melius, ils envoyérent jusqu'en Sicile
pour en avoir (*a*): mais les grandes difficultés, qu'ils éurent à éffuïer dans cette traite,
prouvent bien que leur commerce n'étoit
point établi fur un pied fixe.

Ces cas de difette leur infpirèrent l'idée
d'établir une Société de Négocians, qui eut
foin de pourvoir la ville de vivres. Il paroit
par ce que dit Tite Live, que cet établiffement eut lieu vers le milieu du troifième fiécle,
fous le Confulat d'Appius Claudius, & de
Servilius (*b*). Mais il faut que cette Société
n'ait pas trouvé fon compte dans ce commerce, & qu'elle n'y ait pas pu profpérer; puifque l'on voit par l'Hiftoire, que le Sénat fe
chargeoit lui même de faire les provifions, en
temps de famine, & que les riches particuliers

(*a*) Tite Live L. 2. ch. 34. & L. 4. ch. 12. Denys d'Halicarnaffe L. 4.
(*b*) Tite Live L. 2. ch. 27.

liers en faifoient autant. Nous en avons des exemples, dans le temps de Caffius & de Melius.

Dans la fuite, le commerce des denrées devint plus lucratif pour les négocians, mais d'autant plus ruïneux pour la nation, parcequ'il étoit toujours paffif. Du tems de Caton, le Cenfeur, il y avoit une Société de cinquante Négocians, qui mettoient fur mer cinquante vaiffeaux (*a*). Mais l'agriculture commençoit déja alors à dépérir: les nobles poffédoient de grandes terres, qu'ils couvroient de leurs efclaves: & les guerres, qu'on faifoit dans les païs éloignés, enlevoient à la campagne un grand nombre de laboureurs, & de propriétaires induftrieux.

Dans les fiécles fuivans, l'agriculture alla toujours en diminuant, & le commerce des denrées, furtout celui du bled, augmenta à proportion. Nous avons cité un paffage de Columelle, qui porte que les fept arpens de terre, que chaque Romain poffédoit d'abord après l'expulfion des Rois, rendoient plus que les riches ne tiroient, de fon tems, de leurs immenfes poffeffions. C'eft ce qui faifoit manquer à Rome, dans ce tems là, le bled.

&

(*a*) Plutarque vie de Caton.

& les autres chofes néceffaires à la vie; &
faifoit, du trafic des denrées, la branche principale du négoce des Romains.

Cette branche étoit devenuë fi lucrative,
que les Sénateurs même, féduits par l'appas
du gain, ne rougiffoient pas de s'en mêler,
malgré le peu d'eftime que les Romains a-
voient pour le négoce. Ils s'y étoient fi fort
attachés, qu'ils conçurent une haine violente
contre Caïus Flaminius, parce qu'il fut le
feul des Sénateurs qui appuiât la nouvelle
Loi, que le Tribun Q. Claudius porta contre leur commerce de bled. Cette Loi faifoit
défenfe à tout Sénateur d'avoir une barque,
qui tint plus de trois cens *amphores*, ou environ huit tonneaux de mer ; car Claudius
trouvoit qu'un vaiffeau de cette grandeur fuffifoit pour apporter à Rome les fruits que les
Sénateurs recueilloient dans leurs terres, &
qu'il étoit indigne de leur rang de s'en fervir
pour faire quelque trafic (*a*). Il faut même que cette Loi, ou quelqu'autre pareille,
ait défendu toute efpéce de barques à ceux des
Sénateurs qui n'avoient point de terres, d'où
ils puffent faire venir les fruits par eau.
C'eft du moins ce qui réfulte clairement d'un

paf-

______
(*a*) Tite Live L. 21. ch. 63.

paſſage de Cicéron, dont je citerai les paroles dans la note (*a*); quoiqu'il paroiſſe par ce même paſſage, qu'on regardoit de ſon tems cette Loi comme abolie, & qu'on s'en embarraſſoit fort peu.

Malgré ce grand commerce de bled que les particuliers faiſoient, ſur le déclin de la République, l'Etat en tiroit encore tous les ans de grandes proviſions, pour ſon compte, des Provinces qui en fourniſſoient en abondance. Il avoit impoſé à celles ci un tribut, qu'elles devoient payer en bled, à proportion de la quantité qu'elles en recueilloient ; comme on le voit dans les harangues de Cicéron, principalement dans celle qu'il prononça pour la Loi Manilia, & dans ſes plaidoyers contre Verrès. Tout ce bled devoit être porté à Rome, où il étoit conſommé par trois cent mille Citoyens

(*a*) Cicer. contre Verres L. 5. Noli metuere, Hortenſi, ne quæram qui licuerit ædificare navem Senatori. Antiquæ ſunt iſtæ Leges & mortuæ, quemadmodum tu ſoles dicere quæ vetant . . . . . quid eos loqui qui videbant, quid exiſtimare eos qui audiebant arbitrare? Enarrem te navem eſſe in Italiam deducturum? Naviculariam te, cum Romam veniſſes, eſſe facturum? Ne illud quidem quisquam poterat ſuſpicari te habere in Italia maritimum fundum, & ad fructus deportandos onerariam navem comparare,

toyens fainéans, & par les esclaves. On peut juger de-là quel étoit alors l'état de l'agriculture chés les Romains.

Tout cela confirme mon sentiment: c'est que tandisque l'agriculture fleurit à Rome, le commerce fut peu de chose; & qu'à mesure qu'elle dépérit, il y devint de plus en plus considérable.

F I N.

ERRATA.

De la Première Partie.

De la Seconde Partie.